더 워크플레이스
THE WORKPLACE

조직 생활 어떻게 할 것인가?

더 워크플레이스
THE WORKPLACE

이영구 지음

좋은땅

인간은 예외 없이
조직에 속하며 삶을 살아간다

인간은 태어나면서부터 조직에 속하게 되고, 죽은 뒤까지도 조직에 속하는 존재이다. 조직의 한자는 組(짤 조)와 織(짤 직)으로 이루어져 있는데 명사로써 조직의 사전적 의미는 '첫째, 짜서 이루거나 얽어서 만듦. 둘째, 특정한 목적을 달성하기 위하여 여러 개체나 요소를 모아서 체계 있는 집단을 이룸, 또는 그 집단. 셋째, 날줄과 씨줄로 짠 천, 그물의 짜임새'이다. 인간이라는 개체들은 생존과 발전이라는 목적을 달성하기 위해 모여서 집단과 조직을 만들게 되고, 그 조직에 속함으로써 의미를 가지게 되며 인간의 삶이 시작된다. 이러한 인간은 태어나면서 가족이라는 조직으로부터 보호를 받지 못하면 생존과 성장이 쉽지 않다. 그리고, 성장하는 과정에서는 가족뿐 아니라 여러 조직으로부터 삶을 영위하는 방법을 배우게 된다. 그렇기 때문에 우리가 속하게 되는 조직으로부터 어느 정도 배움의 기회를 얻느냐가, 우리가 속해 있는 조직으로부터 얼마만큼 인정받고 얼마만큼 보상받을 수 있느냐를 결정하는 시대에 살고 있는 것이 현재 우리의 삶이라고 할 수 있다. 또한, 인간은 죽음에 이르렀을 때 조직에 얼마나 질적으로 속해 있는가를 의식하게 된다. 그리고 인간은 본인이 죽은 뒤에도 계속 조직의 구성원으로서 존재하고 인정받기를 바라며, 살아 있는 인간도 죽은 자를 추모하고 기림으로써 본인의 죽은 뒤 모습을 유추하려고 한다. 이러한 점은 인간 본성이라고 할 수 있다. 결국 인간은 죽은 뒤에도 조직을 벗어나지 못하는, 벗어나고 싶지 않은 존재인 것이다.

이와 관련해서 여러 가지 생각, 사유, 판단이 있을 수 있다. 종교, 철학을 통하여 인간의 본성을 찾아내려고 하는 것은 인간이 존재한 이후로 계속되어 왔다. 여기서 이러한 생각, 사유, 판단을 규명해 보려는 것은 아니다. 다만, 현실에 근거해서 보면 조직에 속해 있는 나를 발견하고 나를 인식할 수밖에 없지 않은가? 그래서 나는 어떻게 조직에 속해야 되고, 또 조직은 나를 어떻게 속하도록 해야 하는가에 대해서 생각해 보려고 한다. 이것은 우리가 조직 안에서 어떻게 행복한 삶을 추구할 수 있는가의 질문에 대한 답이 될 수 있을 것이다.

첫째로 우리가 가장 먼저 생각해야 하는 것은 '나는 누구인가 하는 나의 정체성을 찾는 것'이다. 노자는 우리가 추구해야 하는 도(道)는, 이미 정해져 있는 기준을 근거로 나를 판단하는 것은 도(道)가 아니라고 말한다. 즉, 내가 누구인지는 나 자신을 기준으로 생각하고 판단해야 한다는 것이다. 조직, 사회에서 이미 규정되어 있는 기준을 근거로 나를 판단한다면 이는 나 자신이 나를 잘못 판단하고, 재단하게 될 수 있다는 점을 가르쳐 준다 할 것이다.

조직에 속해 있는 인간으로서 그 조직이 요구하는 보편적인 기준을 무시하고 생존하기란 쉽지 않지만, 나와 상관없이 정해져 있는 기준을 근거로 나를 판단하지 않는 것이 우리가 행복한 삶을 영위할 수 있는 가장 중요하고 기본이 되는 출발점이다. '이 정도는 되어야 한다, 이것은 이래야 한다, 이 범위를 벗어나서는 안 된다'라는 여러 기준들에 나를 맞추는 것은 나의 정체성, 나는 누구인가를 찾는 것에 큰 위협이 된다. 이렇게 되면 진정으로 내가 원하는 것이 무엇인지를 발견하기가 어려워지고, 나의 삶은 타자의 기준에 맞추어 가는 과정일 뿐 나의 진정한 삶을 영위해 간다고 할 수 없다.

둘째는 날줄과 씨줄로 짜인 것이 조직(組織)이라고 사전적 의미에도 있듯이, 우리는 조직 내 짜인 관계(關係)라는 틀에 위치하게 되고 살아가게 되는데, 현재 관계의 틀에서 벗어나야 한다. 그러나 우리가 현재 관계의 틀을 벗어나고자 할 때 종종 기존 관계의 틀이라는 질서로부터 질책을 받게 되고, 되돌림을 당하게 된다. 그때 얼마나 많은 좌절과 패배의 쓰라림을 맛보았는지의 기억은 아이, 어른 누구 할 것 없이 있을 것이다. 유명인이나 성공한 사람들의 인터뷰를 보면 부모님의 극심한 반대에도 불구하고 도전했다는 이야기를 종종 듣는다. 부모님의 반대라는 것이 무엇인가? 기존 관계로부터의 반대인 것이다. 불효를 하자는 것이 아니다. 유명인이 되기 위한 조건이 아니라 내 삶의 진정한 행복을 찾기 위해서는 현재 관계를 벗어나서 새로운 관계를 만들고자 하는 것이 필수이며, 르네상스 시대의 '융합(Convergence)'에 비유될 수 있다. 그래야 세상을 더 크게 보고, 내가 바라는 것이 무엇인지를 찾을 수 있게 된다. 이는 현재 우리에게 요구되는 역량으로 4차 산업혁명 시대에 생존을 넘어서 삶의 행복을 찾아가는 중요한 과정이 될 것이다.

셋째는 주체(主體)와 객체(客體)의 원활한 소통(疏通)이다. 그 소통에 있어서 무엇보다 중요한 것은 나와의 소통부터 시작하는 것이다. 자기 자신과의 소통이 제대로 이루어질 때 현재 우리가 가지고 있는 많은 고민들이 해결된다. 그럼에도 종종 자신과의 소통이 원활하지 못하여 일어나는 비극을 접하게 되는 것은 안타까운 일이다. 성장해 나가는 과정에서 문제에 부딪혔을 경우 대부분은 자신과의 소통을 통해서 극복해 나간다. 하지만 자기 자신과의 소통은 굉장히 어려운 일임에 틀림이 없는데, 자기 자신과의 소통을 잘하기 위해 우선 필요한 것은 솔직함이다. 솔직함은 모든 소통의 근본이다. 솔직함은 어디서 올까? 자기 자신에 대한 사랑에서 온다. 자기 자신을 사랑할 줄 아는 것으로부터 시작해야 가족에 대한 사랑, 타인에 대한 사랑, 조직에 대한 사랑을 할 수가 있다. 이러한 것들이 내가 속해 있었던 조직, 지금 속해 있는 조직으로부터 받은 보호와 배움에 대한 보답이 된다. 그리고 앞으로의 시대는 지구에 대한 사랑, 자연환경에 대한 사랑, 가상 세계·인물에 대한 사랑도 중요하다. 즉, 주체적으로 생각하고 판단할 수 있는 인간과 인간과의 소통뿐 아니라 인간과 객체와의 소통도 중요한 시대에 살고 있는 것이다. 자기 자신에 대한 사랑은 객체와의 소통도 원활하게 할 수 있게 해 주고, 사랑이 바탕이 되는 객체와의 소통은 새로운 시대를 살아가는 우리에게 요구되는 자세이자, 역량이다.

우리는 죽어서도 조직(組織)을 벗어날 수는 없다. 그러나, 벗어날 수 없는 조직이라는 관계 안에 갇혀 운명론적으로 살아가기보다는 관계를 깨고자 하는 도전적인 자세를 가지고 이를 실행함으로써, 결과에 상관없이 우리는 의미 있고, 행복한 삶을 추구할 수 있을 것이다. 자기 자신을 조직의 관계로 재단하지 말고, 자기 자신을 주체로 생각하고 판단하며 도전과 실행을 하는 것은, 내가 속해 있는 조직까지 발전시키기 때문에 우리에게 중요한 의미를 준다.

조직이라는 날줄과 씨줄 위에 서 있는 우리, 특히, 워크플레이스 조직에 속해 있는 우리의 현재는 행복한 삶을 위한 시간이어야 한다.

제2장

조직 생활을 성과 있게 하는 목표와 역량

제1장

조직 생활을 이끄는 가치

1
조직 생활, 무엇이 이끌어야 하나?

이윤 추구가 목적인 기업은 경제를 주축으로 이끌어 가는 중요한 역할을 우리 사회에서 하고 있다. 기업이 없다고 하면 자유 시장 경제 체제는 유지되기 어렵고, 자유 시장 경제 체제하에서 경제 활동을 하고 있는 개인들도 존재하기가 어렵다. 즉, 기업이 없다고 하면 개인이 소득을 창출할 수 있는 방법이 현저히 줄어들기 때문에 사회적으로나 국가적으로나 우량 기업이 얼마나 많이 있느냐가 살기 좋은 환경인가 아닌가를 결정한다고 해도 과언이 아니다. 그렇기 때문에 기업이 우리 삶에 상당한 영향을 주고 있는 것은 누구나 인정하는 사실이다. 그리고, 개인 입장에서는 내가 몸담고 있는 워크플레이스인 기업을 내 삶의 전부로 여기고, 그 기업에 최선을 다하는 것을 당연한 도리로 여긴다.

기업에 몸을 담든, 자영업을 하든 두 가지 경우 다 우리는 조직에 몸을 담는다고 말할 수 있다. 그러면 조직에 몸을 담을 때 어떤 조직에 몸담아야 할지, 조직 생활의 목적은 어디에 두어야 할지 생각해 보자. 현실적으로 경제적인 이유가 첫 번째일 것이다. 월급, 돈을 벌게 되므로 매슬로의 욕구 5단계 중 4단계까지는 해결할 수 있을 것이다. 생리적 욕구, 안전에 대한 욕구, 소속감을 통한 애정의 욕구, 명예나 권력의 욕구 말이다. 더불어 최상위 욕구인 자아실현 욕구도 상당히 충족이 될 것이다. 하지만, 이것이 다일까? 월급만 많이 주면 어떤 조직이든 내가 속해도 될까? 몸담아도 되겠나? 월급만 많이 받으면 내 조직 생활은 충분히 만족스러운가? 매슬로의 최상위 욕구인 자아실현 욕구도 충족이 될까? 이타성(利他性)을 강조하지 않더라도 조직에 몸을 담고 나서 조직 생활을 어려워하고, 다른 조직으로 옮기려고 하는 사람이 많은 이유는 무엇일까?

돈과 사회적 관계에서의 지위와 상관없이 나의 조직 생활을 이끄는 가치가 있어야 한다. 그 가치가 나의 조직 생활을 이끌어야만 조직 생활이 오래갈 수 있고, 거기에서 의미를 찾을 수 있다. 단군 신화에 나오는 말로 '널리 인간 세계를 이롭게 한다'라는 뜻의 '홍익인간(弘益人間)'이라는 말이 있다. 지금부터 5천 년 전 고조선 건국 이념으로 쓰였던 이 '홍익인간(弘益人間)'이야말로 지금의 시대에도 적합한 가치를 한마디로 표현해 주는 말일 것이다. 대표적인 예로 2007년 1월 스티브 잡스가 스마트폰인 아이폰을 세상에 처음 선보이면서 인간의 소통을 보다 풍요롭게 하고자 했던 가치는 10여 년 만에 세상을 완전히 바꾸어 놓았다. 이러한 가치야말로 널리 인간 세계를 이롭게 하고자 했던 것에서 출발했다고 볼 수 있다. 기업이란 이윤을 추구하지만, 당시 스티브 잡스는 당장의 이윤만을 본 것이 아니라 인간 세계 전체를 보고 출발함으로써 결국에는 기업에 이윤도 크게 남기고 그 가치가 지금도 지속되고 있는 것이다.

모든 조직은 그 조직이 추구하는 가치(목표)를 가지고 있어야 하고, 그 가치는 인류의 삶에 공헌하는 것이어야 한다. 내가 조직에 속해서 일하는 목적도 그 가치, 인류의 삶에 공헌하고자 하는 것을 실현하는 방향에 두어야 한다. 그렇지 않고, 단순히 돈만을 목적으로 한다면 나 스스로를 지탱할 수도 없고, 조직 생활을 지속하기도 어렵다. 또한, 사회적 지위만을 목적으로 고려한다면 그것도 마찬가지이다. 오히려 다른 사람에게 큰 폐해를 끼칠 수 있다. 이러한 가치가 없는 사람이 정치적으로 지위를 갖게 될 때 얼마나 큰 폐해를 입고 있는가를 자문해 보면 알 수가 있을 것이다. 그리고, 당연히 인류의 삶에 공헌하지 못하고, 인류의 삶에 폐해를 끼치는 결과를 초래하는 조직에 내가 몸담는 것은 피해야 함이 마땅하다. 다른 사람의 가치를 파괴하면서 추구되는 이윤, 사회에 악의적 영향을 주면서 추구되는 이윤, 자연을 파괴하면서 추구되는 이윤으로 운영되는 조직에 어찌 몸담을 수 있겠는가?

　인류의 삶에 공헌한다는 것은 거창한 것이 아니다. 국수를 파는 국숫집 사장님의 가치가 '국수 한 그릇이 오늘 하루 수고한 사람의 허기를 달램으로써 그 가정의 행복을 지킨다'는 것이라면 그것이 인류의 삶에 공헌하고자 하는 것이다. 그럴 때 어떻게 국수 한 그릇에 정성을 다하지 않을 수 있겠는가? 기업도 마찬가지이다. 제품 하나하나를 만들 때 인류의 삶에 공헌한다는 가치로 만든다면 어떻게 불량품을 내놓을 수가 있고, 어떻게 정성을 들이지 않을 수가 있겠는가? 세계 1등인 제품들을 보면 여기에서 벗어나는 기업과 제품은 없다. 조직에 속해서 일하는 우리 또한, 인류의 삶에 공헌한다는 것은 내가 할 수 있는 최선의 일이다. 그 최선이 인류의 삶에 공헌하는 것을 만들어 내는 것이다.

조직 생활을 계속하게끔 나를 이끄는 요소들은 많이 있다. 경제적인 이유가 그렇고, 사회적인 이유가 그렇다. 그 모든 이유 중에 앞서는 것은 인류의 삶에 공헌하고자 하는 가치이다. 그것이 나의 조직 생활을 이끌도록 해야 한다.

2
Compassion을 아끼워하지 말자

단어적으로는 Compassion을 연민, 동정심으로 번역하지만 Compassion이 갖는 의미는 더 깊다. Com은 함께한다는 뜻을 가지고 있고 passion은 수난을 의미하는데, 수난이라 함은 견디기 어려운 일을 당함, 그리고 기독교적으로는 예수님이 십자가에 못 박히실 때 당한 고난으로 풀이된다. 그러므로 견디기 어려운 고난을 보기만 하는 것이 아니라 함께하는 것으로 해석하는 것이 Compassion의 본래 의미에 훨씬 가까운 해석일 것이다. 다산 정약용 선생은《목민심서》에서 백성을 사랑한다는 뜻을 가진 애민사상을 말씀하셨는데, 애민의 6조를 살펴보면 1조 양로(養老, 노인 봉양), 2조 자유(慈幼, 어린이 보살핌), 3조 진궁(振窮, 홀아비, 과부, 고아 구제), 4조 애상(哀喪, 상 당한 사람 도움), 5조 관질(寬疾, 병자 돌봄), 6조 구재(救災, 재난 구제)이다. 이 애민 6조와 Compassion은 인류 삶에 공헌하고자 조직에 몸담고 있는 우리가 실천적 과제로 새겨보고 실천하기 위해서 노력하고자 할 때 꼭 필요한 것이다. 어려운 사람에게 도움을 베풀고 어려움을 함께하는 것, 이것을 통해서 우리 자신 또한 큰 위안을 받을 수 있고, 그 위안으로 내가 처한 어려움을 이겨 나가는 힘을 얻을 수도 있다.

많은 사람들이 내가 여유가 있을 때 다른 사람을 돌아볼 겨를이 생긴 다고 생각한다. 지금 나 먹고살기도 빠듯한데 어떻게 남에게 도움을 베 풀 수 있느냐고 생각한다. 틀린 말이 아니다. 우리의 인생 항로를 보면 쉬어 갈 여유가 없다. 대부분 부모의 도움을 받는 것이 현실이지만 어쨌 든, 학교를 마치고 어렵게 직장을 갖게 된다. 직장을 가져도 부모로부터 완전히 독립하기가 쉽지 않다. 저축도 해 보지만 결혼을 위한 자금 마련 에는 턱없다. 결혼 후 집 장만은 더 말할 것도 없다. 자녀가 생기면 그때 부터 교육비 부담이 가중되고, 그 자녀가 성장해서 취업을 한다고 하더 라도 내가 그랬듯이 부모가 계속 도와줄 수밖에 없는 형편이다. 부모는 노후 준비도 제대로 돼 있지 않은데 말이다. 이러한 환경에서 어떻게 애 민을 얘기하고, Compassion을 얘기하면서 남에게 도움을 베푸는 것을 말하는가?

우리가 가지고 있는 자산을 잘 파악해 보자. 유형의 자산이 있고, 무형 의 자산이 있을 것이다. 재무제표에 나타나는 유형, 무형 자산을 말하는 것이 아니다. 내가 가지고 있는 유형 자산의 대표적인 것이 돈이다. 그다 음이 내가 가지고 있는 책, 물건들일 것이다. 무형 자산의 대표적인 것은 내가 가지고 있는 지식, 기술일 것이다. 그다음이 인간관계, 사회적 관계 (Social Network)일 것이다. 유형 자산이든 무형 자산이든 이 중에 어느 부분을 얼마만큼 남을 돕는 데 할애할 수 있는지를 따져 보는 것이다. 남을 돕는 것은 크고 작은 것이 문제가 아니라 애민, Compassion에서 비롯된다면 내가 소유하고 있는 유형 자산, 무형 자산 중에 할애가 충분히 가능할 것이다. 그리고 남을 돕는 데 나의 유형, 무형 자산을 할애하는 최우선의 방식은 구체적인 대상이 있든 없든 간에 내 시간과 내 몸으로 직접 체험하는 노력을 기울이는 것이다. 그다음이 간접적인 방법이라고 볼 수 있는 돈과 물건이 될 것이다.

　과거에 비해서 대부분의 조직들이 조직 차원의 사회 공헌을 중요한 경영 요소로 판단하고 많은 활동을 한다.《목민심서》애민 6조에 해당되는 모든 내용들에 관심을 갖고 정성을 기울인다. 국가적으로나 사회적으로 어려운 일이 있을 때도 적극적으로 나선다. 이는 우리 사회가 많이 성숙되고, 선진 사회로 발전했다는 증거일 것이다. 그러한 조직에 속한 우리 개개인들도 당연히 함께 참여하는 것이지만, 나 자신이 좀 더 구체적으로 참여하는 것이 필요하다. 어떤 형태로든 말이다. 조직에서 추진하는 것이든, 공공 기관에서 추진하는 것이든, 개인적 차원에서 추진하는 것이든 최소한 한 가지 정도는 참여하는 것이 필요하다. 어려움에 처한 사람들을 돕는 것은 나의 삶도 풍요롭게 만들지만, 내가 살고 있는 이 사회를 더 인간적인 사회로 만들 것이다. 과거에도 그렇고 4차 산업혁명이 일어나고 있는 지금 이 순간에도, 우리 사회는 인간적인 사회로 나가야 한다는 것이 우리가 지향해야 하는 가치임에 틀림없다. 조직 생활을 통한 우리의 인생에서 우리가 지켜야 하는 가치인 애민, Compassion을 실천해 나가는 것을 아까워하지 말자.

3
Something New란 무엇일까?

'Something New(새로움)'란 무엇일까? 우리는 문득 낯섦에 새로움을 느끼고, 가 보지 않았던 곳을 갔을 때 새로워한다. 또, 경험해 보지 못한 것을 보고, 만지고, 느끼고, 먹을 때 새로움을 느낀다. 익숙하지 않은 것으로부터 새로움을 느끼는 사람들인 우리는 새로운 유행을 좇게 되고, 새로운 물건이 세상에 나타났을 때 새로움에 이끌려 관심을 가지게 된다. 그래서 기업 입장에서는 새로운 제품을 끊임없이 내놓으며 우리의 관심을 받으려고 하는 것이다. 이렇듯 세상의 모든 분야, 경제, 기술, 문화, 사회 등 어느 한 곳도 새로움을 추구하지 않는 곳이 없을 것이다. 새로움은 세상을 움직이는 힘이자, 우리가 현재에 머물지 않고 앞으로 나아가고자 하는 방향을 알려 주는 가이드 역할을 한다.

내가 이 세상의 새로움에 끌리듯, '나의 새로움'으로 세상의 관심을 이끌어 내야 한다. 그것이 살아지는 순리이자, 조직에서 내가 원하는 바를 만들어 내는 길이다. 나의 Something New는 어떻게 만들어질까? 당연한 이야기이지만 나의 Something New는 나로부터 만들어진다. 즉, 내가 가지고 있는 것으로부터 만들어지는 것이 나의 Something New이다. 이 Something New를 위해서는 내가 가지고 있는 '나만의 것'이 있어야 한다. 남의 것이 아닌 완전한 '나만의 것'이 있어야 나의 Something New를 만들 수 있다.

야구 투수를 예로 들어 보자. 거의 모든 투수는 직구, 커브, 슬라이더, 포크 볼, 스플릿 등 다양한 공을 던지는 기술을 배워서 가지고 있고, 실제 경기에서 공을 던진다. 어떤 투수는 타자보다 절대적 우위를 차지해, 압도하며 경기를 이끌기 때문에 전체 승률이 높다. 반면 어떤 투수는 승률이 낮고, 어떤 투수는 아예 등판 기회를 갖지도 못하는 경우가 수두룩하다. 왜 이런 차이가 날까? 투수가 나만의 주특기로 던질 수 있는 볼을 가지고 있느냐 없느냐가 이러한 차이를 만든다. 즉, 승부를 결정 지을 수 있는 결정구가 있느냐 없느냐의 차이로 판가름이 나는 것이다. 승률이 높은 투수는 필요할 때 필요한 공을 던지는 완전한 나만의 기술이 있다. 다른 투수에게 없는 새로움이 있다. 그 투수에게만 있는 이것이 승률을 높이고, 명망 있는 투수로 만드는 것이다.

새로움을 만들어 내는 완전한 '나만의 것'은 어떻게 만들어지는가? 투수가 어떻게 나만의 기술을 장착할 수 있었는가? 그것은 내 것이 될 때까지의 끊임없는 노력을 통한 시도로 이루어진다. 우리나라 프로 야구의 대표적인 마무리 투수인 某선수는 끊임없는 연습을 통해 그만의 직구 파지법을 창안, 150㎞가 훨씬 넘는 직구를 던져서 보고도 칠 수 없을 정도

더 워크플레이스

로 타자를 압도했다. 또, 슬라이더도 다른 투수들에 비해서 훨씬 빠른 구속으로 장착함으로써 '승리 공식'이라는 별명을 갖게 되었다. 이렇듯 완전한 '나만의 것', 새로움은 끊임없는 노력이 수반된 결과이다. 완전한 내 것이 아닌 것은 결정적인 순간에 힘을 발휘하지 못한다. 끝까지 힘을 발휘하지 못하고, 세상의 관심을 이끌어 내지 못한다.

조직에서도 마찬가지이다. 작은 조직이든 큰 조직이든 Something New가 있는 사람이 관심을 받기 마련이다. 어렵다고 여겨지는 일을 쉽게 해결하는 사람, 기존의 방식을 혁신하는 사람, 신상품 아이디어를 내는 사람, 동일한 Input으로 몇 배의 Output를 내는 사람이 다른 사람에 비하여 새로움이 있는 사람들이다. 그 사안에 대해 깊이 있게 연구하고, 끊임없는 노력과 시도로 이루어 낸 결과일 것이다. 어쩌다 운이 좋아서 이루어진 결과는 아닌 것이다.

요즘은 어렵고, 복잡하고, 흔치 않은 사례와 관련한 지식 및 경험을 인터넷 검색을 통해서 언제 어디서나 손쉽게 얻을 수 있다. 지식과 경험의 평균 수준이 크게 향상되고 평준화된 시대라고 할 수 있다. 그리고 그 지식과 경험을 굳이 내 것으로 만들 필요도 없다. 왜냐하면 필요할 때 검색해서 찾으면 되기 때문이다. 하지만, 여기서 우리가 간과하지 말아야 할 것이 있다. 그 지식과 경험을 내 것으로 가지고 있지 않은 이상, 그것을 활용하여 내가 생각하는 데에는 제한이 따른다. 지식과 경험을 완전한 내 것으로 가지고 있는 사람은 그것을 언제든지 활용하여 훨씬 다양하게 생각할 수 있는 것에 비해서 말이다. 인간의 뇌는 컴퓨터와 비교할 수 없을 정도의 연산 능력과 처리 속도를 갖기 때문에, 지식과 경험이 완전한 내 것으로 존재할 때 우리는 무한한 가능성을 바탕으로 생각을 할 수 있고, 이를 통해 창의적인 새로움을 만들어 내는 것이다. 모든 지식과 경험을 내 것으로 만드는 것은 불가능하다 할지라도 내가 몸담고 있는 분야의 지식과 경험은 완전한 내 것으로 가지고 있어야 한다.

Something New는 다른 사람과 나를 구별 짓는 차별화이다. One of them이 아닌 차별화된 존재로서 인정받고, 기여하기 위해서는 '나만의 것'이 있어야 한다. 세상을 나에게로 끌어오는 힘은 '나만의 것'에서 나온다.

더 워크플레이스

4
신뢰(信賴)라는 집 짓기

믿을 신(信), 의지할 뢰(賴)의 신뢰(信賴)는 믿고 의지한다는 의미이고, 영어 단어인 Trust도 믿는다는 뜻과 함께 의지하다, 안심하다는 뜻을 가지고 있다. 신뢰(信賴)는 동서양이 같은 의미로 사용하고 있는 것이다. 신뢰가 전제되지 않으면, 우리가 살고 있는 이 사회는 존재하기가 어렵다. 신뢰가 가장 기본적인 사회 운영의 전제 조건인 것이다. 사회 유지의 가장 기본적인 전제 조건인 신뢰를 유지하기 위해 사회는 법과 질서를 통해서 이를 뒷받침한다. 신뢰가 깨지지 않게 하기 위한 조치로써 말이다. 사회 구성원 간의 약속과 거래가 일어날 때 이를 보증하기 위해 즉, 신뢰를 보증하기 위해 상호 간에 계약서를 작성하게 되고 이는 법률로써 보장을 받는다. 이러한 신뢰를 깨게 되면 당연히 법률에 따라 합당한 처벌을 부여함으로써 재발을 방지한다. 또한, 계약서를 작성하지 않는 경우에도 당연히 지켜야 하는 질서가 존재한다. 예를 들어, 자동차는 좌측통행을 해야 하고, 사람은 우측통행을 해야 한다. 순서를 기다리기 위해선 줄을 서야 한다. 남의 물건에 내 임의대로 손을 대서는 안 된다. 이렇듯 열거하면 수도 없이 많지만, 우리는 자연스럽게 이를 실천하면서 살아가도록 사회 구성원으로서 교육을 받아 왔고 앞으로도 그럴 것이다.

좁혀서 생각해 보자. 기업에서의 신뢰는 어떤가? 기업과 개인의 최초 신뢰 조성은 어떻게 이루어지는가? 처음에는 일방적 신뢰 관계로 형성이 된다. 개인이 기업의 상품과 서비스를 이용하면서 신뢰 관계가 형성되기 때문이다. 신뢰 관계의 정도는 개인의 차이에 따라 다르게 나타날 수 있어 기업은 다양한 방법을 동원하여 개인(소비자)의 신뢰를 얻고자 한다. 상품과 서비스의 질은 확보되었다는 가정하에서 말이다. 이러한 것의 대표적인 것이 상품 광고, 기업 홍보가 될 것이다.

그러면 내가 기업에 속하게 될 때의 신뢰는 어떻게 구축되는가? 처음으로 신뢰 관계가 형성되는 것이 채용 단계이다. 채용 단계는 이력서, 자기소개, 전문성 시험, 인터뷰 등 여러 단계를 거치며 개인과 기업 간의 신뢰 관계가 형성되기 시작한다. 개인은 기업을 신뢰하여 지원을 하게 되고, 기업은 개인을 신뢰하여 채용 결정을 하게 된다. 이렇듯 기업에 속하는 것은 쌍방향의 신뢰 관계로 시작된다. 개인과 기업의 쌍방으로 합의하게 되면, 입사가 이루어지게 되고 개인은 기업 구성원이 된다. 개인과 기업의 성과 창출을 위한 상호 신뢰가 구축된 것이다. 여기에도 신뢰를 지키기 위한 계약이 존재하게 되고 법률로써 보증을 받는다. 즉, 근로를 제공하고 임금을 받는 계약, 근로 계약이다.

조직(기업)에서 일하며 쌓이는 나를 중심으로 한 신뢰 관계는 나의 성공과 직결된다. 법률에 의해서 보증받는 신뢰 관계를 넘어 사람 대 사람, 마음으로부터의 신뢰를 구축하는 것 말이다. 기업에서의 신뢰는 사람 대 사람으로의 신뢰로 조직과의 신뢰로 구축된다. 즉, 상사나 유관 부서 관련자, 협력 회사 관련자, 거래선 등 모두 사람이기 때문이다. 어떤 경우는 나의 일에 대한 성과로서, 사람이 이를 보증하는 경우도 있지만 말이다. 신뢰를 구축하는 것은 집을 짓는 것과 같다. 집은 기초를 깊이 파고, 단단히 해야 튼튼하고 높은 집을 지을 수 있다. 사상누각(沙上樓閣)으로는 집을 유지할 수가 없다. 어떻게 하면 조직 생활에서 사상누각이 아닌 신뢰라는 집을 튼튼하고 멋지게 지을 수 있을까?

당연한 이야기이지만 집을 짓기 위해서는 기초를 단단히 해야 한다. 모든 신뢰의 기초는 사람에 대한 '사랑'이다. 사람에 대한 '사랑'이 없으면 신뢰를 만들어 갈 수가 없다. 사람에 대한 '사랑'이라 함은 타인에 대한 것뿐 아니라, 나를 포함하여 '존중, 배려, 이해'이다. '존중, 배려, 이해'가 없다면 어떻게 신뢰를 쌓을 수 있겠는가? 그 사람의 입장을 이해해 주지 않는데, 어떻게 그 사람의 마음을 편안하게 해 주고, 나를 의지하게 할 수 있겠는가? 그 사람을 존중해 주지 않는데, 그 사람으로부터 내가 존중받을 수 있겠는가? 나는 나를 존중해 주지 않는 사람을 신뢰하는가? 이는 있을 수 없는 일이다. 이것이 신뢰의 기초이다.

신뢰 관계는 '솔직함'으로부터 출발한다. 솔직하지 않은 것은 언젠가는 드러나게 된다. 그럴 때의 실망감이란 말로 설명할 수 없을 것이다. 단테는 《신곡》〈지옥편〉에서 '배신'을 지옥의 가장 깊숙한 곳 9층에 두었듯이

'배신'의 실망감이란 말로 다 표현하기도 어렵다. 솔직하지 못한 것은 그 사람에게 배신감을 안겨 줄 가능성이 큰 것이다. 솔직함이 처음에는 쉽지 않을 수 있지만, 진정성을 가지고 대하게 되면 누구에게나 받아들여진다. 특히, 기업에서 인사 담당들은 직원들을 진정성 있게 대함으로써 직원들과 신뢰 관계를 구축할 수 있다. 이것이 솔직함이다. 직원들과의 관계에서 당장의 필요에 의해 듣기 좋은 말로만 설명하고, 다른 이유가 있음에도 그것을 감춘 채 설명하지 않는다고 하면 그 관계는 신뢰 관계로 나아가지 못한다. 궁극적으로는 기업의 발전을 해치게 된다.

그리고, 신뢰(信賴)는 조직 생활에서 실제 행동으로 나타나야 한다. 그 사람이 어려울 때 도와줘야 한다. 필요할 때 도움이 되어야 한다. 함께하고 있음을 상호 공감해야 한다. 물질적으로 도움을 주는 것을 이야기하는 것이 아니라 나로부터 편안함과 의지할 수 있음을 느끼게 하는 것이 중요하다. 진정한 친구라면 이유 없이 전화하고, 연락할 수 있는 것이라고 하지 않는가? 나에게 물질적 이익이 있다고 판단될 때 관계를 지속시키는 것이 아니라, 이익이 없다고 판단될 때에도 관계가 지속되는 것이 신뢰 관계라 할 수 있다.

신뢰(信賴)라는 집을 짓는 것은 쉬운 일이 아니다. 하지만, 우리가 살기 위해 집이 꼭 필요하듯이 조직 생활을 위해서 신뢰(信賴)라는 집을 짓는 것도 꼭 필요하다!

5
몇 마리의 토끼를 길러야 하는가?

　　종종 집토끼, 산토끼 다 잡으려 욕심을 부리다가 일을 그르쳤다는 이야기를 듣곤 한다. 한곳에 집중을 해야 성과를 낼 수 있는데 그렇지 못함을 이르는 말일 것이다. 하지만 우리가 살아가는 데 있어서 한곳에 집중할 수만은 없다. 우리를 둘러싸고 있는 많은 요인과 환경들이 우리의 삶에 영향을 주기 때문이다. 조직 생활을 하고 있는 우리를 생각해 볼 때 조직에서의 성공을 위하여 조직 내 일에만 집중하는 것이 바람직한 것인가? 개인차가 있겠지만 이러한 것은 바람직하지 않을 가능성이 크다.

　　우리 삶에 영향을 주는 요인은 무수히 많겠지만 삶의 영역을 '일'과 '나 자신'으로 구분해 보고, 각 영역에서의 요인을 '가족', '관계', '자기 계발', '취미'라는 4가지로 구분하면 거의 대부분 포함이 된다. 이것을 그림으로 표현해 보면 다음과 같을 것이다.

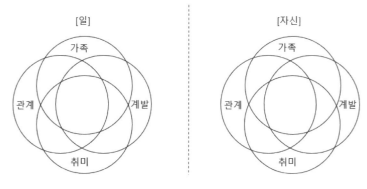

[그림1] 일과 자신에서 영역 설정도

　'일'과 '나 자신'의 영역에서 각각 가족과 관련된 것들이 일어나고, 사회적 관계도 일어나며, 자기 계발과 취미 활동이 가능하다. 그렇기 때문에 여기서 고려해야 할 점이 '일'의 영역과 '나 자신'의 영역을 의도적으로 구분해 주는 것이 필요하다는 것이다. 우리가 의도적으로 구분하려고 하지 않으면 각각 다른 영역에서 동일한 요인의 결과가 발생하기 때문에 두 영역이 섞여 혼재된 상태로 존재하게 되고, 결과적으로는 '일'과 '나 자신'의 구분을 할 수가 없게 된다. 회사에서 일할 때도 사적인 일 때문에 집중이 안되고, 퇴근을 한 이후에도 회사 일 때문에 가정에서 편하지 않은 사람이 있다. 이러한 케이스를 쉽게 접할 수 있는데, 이 경우가 두 영역의 구분이 부족함에 따라서 일어나는 현상이다. 두 영역의 구분이 필요한 이유는 또 있다. 한 영역에서 발생하는 어려움을 다른 영역으로 끌고 들어오지 않음으로 인해 그 영역에서 발생하는 어려움을 해결할 수 있다는 것이다. 즉, '일' 영역에서 발생한 스트레스가 '나 자신' 영역에 연결돼서 스트레스로 발생하지 않기 때문에 '일' 영역에서 발생한 스트레스를 해소할 기회를 갖는 것이다. 또한, 그 반대도 충분히 가능하다.

　가족, 관계, 계발, 취미는 어느 것 하나도 가벼이 할 수 없는 것들이다. 한 마리의 토끼만을 키울 수는 없다. 최소 4마리는 키워야 하지 않는가? 그러려면, 내가 가지고 있는 한정된 자원을 효율적으로 활용하는 것이 필요하다. 그 효율적인 방법은 각 요인들의 공통분모를 가능한 한 크게 하려고 하는 것이다. 예를 들어, 조직 내에서 일을 통해 나를 계발하고 발전시키며 이러한 과정에서 친구도 사귈 수 있다. 일터에서 좋은 친구를 갖는 것은 나의 성과를 만드는 데에도 크게 도움이 된다. 이러한 결과로 내가 얻게 되는 조직에서의 성공은 가족에게도 큰 선물이 되고, 가족 관계를 잘 유지시켜 주는 요인이 되기도 한다. 물론, 조직 내에서의 성공이라는 것이 승진과 금전적인 것만을 얘기하는 것은 아니다. 이렇듯 공통분모를 키우는 것은 같은 Input을 통해서 더 많은 Output을 기대할 수 있는, '일'의 영역에서 효율적으로 나만의 토끼를 키워 나가는 방법인 것이다. '나 자신'의 영역에서도 마찬가지이다. 다만, '나 자신'의 영역에서는 나중에 여유 있을 때 하면 되지 하고 미루어 놓으면 안 된다. 저절로 되는 것은 없다. 나 자신의 영역에서 가족, 관계, 계발, 취미와 관련한 일에도 자원 투입을 게을리하면 안 된다. 게을리하면 토끼를 키울 수가 없다.

　다음은 이 요인들에 대한 인생 시기별 비중이 다르다는 것이다. 개인마다 가치관에 따라서 차이가 있을 수는 있겠지만, 각각 요인들에 투입되는 비중을 설정하는 게 필요하다.

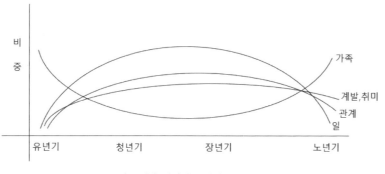

[그림2] 인생 시기별 요인별 비중

　인생을 시기별로 보면 가족의 보호 아래 성장해야 되는 시기인 유년기, 주체적으로 일을 통해 가치(Value)를 만들어야 하는 시기인 청년기, 중·장년기와 은퇴 후 삶을 영위하는 시기인 노년기로 구분해 볼 수 있을 것이다. 그리고 각 시기별 삶은 추구하는 바와 삶의 방식이 많이 다를 것이다. 이에 따라 인생 시기별로 내가 어느 부분에 얼마만큼의 자원을 투입할지, 나만의 토끼를 어떻게 키울지를 내가 결정하고, 내 나름의 가이드라인(Guide Line)을 가져야 한다. 그래야만 내가 적절하게 행동을 할 수 있고, 결과를 하나하나 축적해 나갈 수 있을 것이다. 토끼를 기르는 일은 아날로그적으로 축적을 해 나가야만 한다.

　이 두 가지가 조직 생활을 하는 모든 사람들에게 동일하게 적용된다고 할 수는 없을지라도, 내 삶에 필요한 토끼를 몇 마리 키울 것인가는 내가 결정해야 하지 않을까?

6
기소불욕(己所不欲) 물시어인(勿施於人)

《논어》〈위령공편(衛靈公篇)〉에서 유래한, 내가 원하지 않는 것은 다른 사람에게도 시키지 말라는 뜻을 가진 '기소불욕 물시어인(己所不欲 勿施於人)'은 인간의 본성을 가장 잘 표현한 말일 것이다. 사람의 자기중심적 본성을 끊임없이 경계하고, 나 아닌 다른 사람에 대한 배려가 우리에게 필요한 것임을 일깨워 주는 가르침이다. 성경에서도 '무엇이든지 남에게 대접을 받고자 하는 대로 너희도 남을 대접하라(마태복음)'라는 말씀을 볼 수 있듯이, 인간의 욕심을 경계하는 가르침은 동서고금을 막론하고 우리가 끊임없이 새겨야 하는 가르침 중 으뜸일 것이다. 작금의 코로나 사태도 인간의 욕심을 채우기 위해 자연을 파괴하는 데 근본적인 발생 원인이 있다고 진단하는 것이, 그나마 인간의 욕심을 반성하는 계기라는 점에서 다행이다.

사람은 자기가 원하는 것과 원하지 않는 것에 따라 행동한다. 그리고 자기가 원하는 것을 하면서 살아갈 때 행복하다는 정의를 일반화하고 믿으며, 대부분의 사람이 그것을 따른다. 하지만 사실일까? 꼭 그렇지만은 않은 것 같다. 한평생 자신보다는 남을 위한 인생을 살았으면서도 그 누구보다 행복한 삶을 살았다고 생각하는 사람이 많이 있기 때문이다. 그러한 삶은 보통 사람인 우리의 삶과는 다르지 하고 애써 외면하지만 말이다.

현실적으로도 원하는 것만을 하면서 살 수는 없다. 사람이 서로 같이 살아가기 위해 사람의 생명을 존중하고, 내 욕구를 때와 장소에 따라 억제하고, 나 아닌 다른 사람의 욕구를 침해하지 않는 범위를 정하고 이를 지키기 위해서 만들어 낸 것이 질서이다. 욕심 때문에 이 질서를 지키지 않을 때 우리는 심각한 문제에 직면하게 되며, 이를 바로잡기 위해서는 많은 시간과 희생을 감수해야 한다. 조직 내에서의 생활도 똑같다. 범위를 벗어나는 과도한 욕심, 남을 배려하지 않는 자신만을 생각하는 태도와 행동이 조직에서 문제를 일으킨다. 이러한 자신만을 생각하는 이기주의는 조직에서의 삶뿐 아니라, 본인의 삶 전체가 완성되지 못하는 결과를 초래한다.

조직의 성과를 만들어 내기 위해 가장 중요한 것은, 조직 입장이나 개인 입장이나, 적합한 일을 적합한 인재에게 맡기는 적재적소(適材適所)가 될 것이다. 적재적소(適材適所)는 모든 조직과 개인이 원하는 바지만 현실적으로 이것이 가능하지 않을 때가 많다. 최대한 맞추려고 노력을 하지만 조직에서 수행해야 하는 일과 개인이 바라는 일의 일치가 어렵기 때문에 100% 적재적소(適材適所)가 가능하지 않은 것이다. 예를 들어 조직에서 필요한 일은 하나인데, 원하는 사람은 다섯 명이라고 하면 네 명은 적재적소가 안 된다고 볼 수 있다. 채용할 때부터 잘했어야지 하고 질책할 수도 있으나, 사람의 활용이 그렇게 단순하지만은 않은 것을 잘 알지 않는가? 이때 네 명 중 한 명이 내가 될 가능성이 크다. 그러면 나는 이것을 어떻게 받아들여야 하는가? 이러한 상황에 대해 여러 가지 전제가 있을 수 있겠지만, 가장 중요한 것은 길게 보고 판단하는 것이다. 30년 이상 조직 생활을 하고 은퇴하는 사람들 중에서도 상당히 많은 수가 내가 잘할 수 있는 것이 무엇인지, 내가 원하는 게 뭐였는지 잘 모르고 조직 생활을 했다고 답변한다. 부양의 의무 등 어쩔 수 없는 환경 때문이라는 이유도 있지만, 사실은 진짜 내가 원하는 것을 잘 몰랐던 것이 크다. 진짜 내가 원하는 것은 솔직하게 들여다보고 판단해야 그 답을 알 수가 있다.

하루하루의 일상이 모여서 나의 업적으로 쌓인다. 하루하루가 모여서 나의 삶이 완성되고, 평판이 만들어진다. 평판은 하루하루를 살아가면서 하루하루 남에게 어떻게 대했느냐가 나에게 쌓이는 것이다. 이 평판을 쌓는 일은 다른 사람에게 나를 한 뼘만 낮추면 충분하다. 어려운 일도 아니다. 다른 사람이 썩 내켜 하지 않는 것을 내가 조금만 먼저 하거나, 조금만 도와주면 된다. 이것은 나의 욕심을 낮추고, 상대를 배려하면서 조직 생활을 하는 스마트(Smart)한 자세이다. 또한, 이것은 투자이다. 내가 다른 사람에게 배려라는 투자를 하면, 언젠가 나에게 예상치 못한 몇 배 이상의 보상을 가져다준다. 그래서 충분히 투자할 만한 가치가 있는 일이다. 충분히 투자할 가치가 있는 일을 지금 모를 뿐이다. 길게 보면 당연한 일을 말이다.

내가 원하는 것은 다른 사람도 원한다. 내가 원하지 않는 것은 다른 사람도 원하지 않는다. 이 단순하고 명료한 진리를 깨닫는 것이 왜 이렇게 어려운 것일까? 인간과 자연과의 관계에서도 마찬가지이다. 자연을 파괴하면 그 파괴가 인간에게 다시 돌아온다는 것을 깨닫는 것이 왜 그렇게 어려울까? 남에게 대접을 받고자 하는 대로 너희도 남을 대접하라는 구절의 의미를 되새기는 것이 조직에서의 삶을, 내 자신의 삶을 완성하는 시작이다.

7
뿌리칠 줄 알아야 한다

우리는 살면서 무수한 유혹을 만나게 된다. 학생 때 내일이 시험인데 재미있는 만화가 생각나서 결국 그 만화를 보게 된다. 다음 날 후회가 물밀듯이 몰려오지만 소용이 없다. 다이어트를 결심하면 꼭 맛있는 음식을 먹을 기회가 생긴다. 그러면 결국 다이어트는 내일부터, 맛있게 먹으면 '0' 칼로리 하면서 먹고 만다. 직장인들이 제일 많이 결심하는 것이 금연과 금주일 것이다. 공개적으로 금연, 금주를 선포하기도 하고, 병원을 다니면서 도움을 받기도 한다. 하지만 주변에 유혹이 많다. 그 유혹을 이겨 내지 못하는 경우가 종종 있다. 아무도 보는 사람이 없으니까 괜찮겠지? 특히 나와의 약속은 더 지키기가 어렵다. 내가 나를 유혹하면 나 스스로 합당한 이유를 찾기 때문에 쉽게 뿌리치지 못하는 것이다.

조직 생활을 하면서도 우리는 무수히 많은 유혹을 만나게 되는데, 그 유혹을 뿌리치지 못하면 조직 생활이 성공적이지 못할 가능성이 크다. 대표적인 것이 금전과 관련한 것이다. 업무와 관련하여 일하는 것은 구매 부서나 경리 부서가 아니더라도 어떤 것 하나 돈과 관련이 안 된 것이 없다. 과제를 수행하는 것을 예로 들어보면, 우선은 내부 예산을 집행해야 한다. 그 예산을 집행할 때 원칙에 따라서 정확하게 집행을 해야 하는데, 여러 가지 규정이 수반되기 때문에 번거로운 일들이 많다고 생각될 수 있다. 그래서 내 편의에 의해서 집행해도 되겠지 하는 생각이 종종 들 수 있다. 또, 과제 수행을 위해서는 외부 업체와의 협력도 필요한데 외부 업체와의 협력을 위해서는 당연히 예산의 집행이 따른다. 용역을 수행한다고 하면 업체마다 입찰 가격이 다를 수 있다. 입찰 가격에 따라 내가 아는 편한 업체가 될 수도 있고, 그렇지 않은 업체가 될 수도 있다. 이때, 여러 가지 유혹이 생길 수 있다. 객관적이고 합리적인 기준과 평가에 따라서 결정을 해야 한다. 물론 내부의 규정을 잘 준수한다고 하더라도 내 편의에 의한 판단이 개입되면 안 된다.

그다음은 공과 사의 구분이다. 조직 생활이라는 것이 일상생활의 연속성을 갖기 때문에 공과 사를 완전히 구분하는 것은 불가능할지도 모른다. 하지만 업무 시간 중에 사적인 일을 처리하는 것은 피해야 한다. '잠깐 하는 건데 누가 알겠어? 이 정도는 해도 괜찮아' 하고 생각이 들 수 있다. 그러나 공과 사를 구분해야 하고, 꼭 필요한 사적인 일은 휴가를 활용하는 것이 제일 바람직하다. 이것이 공과 사를 구분하는 기본이라고 할 수 있다. 공과 사의 구분이 잘되지 않으면 결국엔 어디서든 문제가 발생한다. 당연히 업무의 성과도 높게 나올 수가 없다.

다음은 조직 내 다른 사람에 대해 평가를 하는 것을 피해야 한다. 프로

세스에 따른 공식적인 업적, 역량 평가를 말하는 것이 아니라 비공식 평가를 말하는 것이다. A는 이렇다, B는 저렇다, A는 이런 게 좋다, B는 이런 게 좋지 않다 하는 평가의 유혹을 뿌리쳐야 한다. 나 아닌 다른 사람에 대해서 이야기하고자 하는 유혹은 그 어느 것보다 재미있어 강도가 세다. 다른 사람에 대해서 이러쿵저러쿵 이야기하는 것은, 결국 나한테 돌아오기 마련이다. 그리고 나에게 부하 직원이 있다고 한다면 부하 직원에 대해서 질책을 할 때도 심사숙고해서 문제를 제기해야 한다. 그 당시 순간에 의해서, 내가 마음대로 할 수 있다는 유혹에 끌려서 부하 직원에게 화를 낸다면 그것은 옳지 않다. 부하 직원이 그 당시 그렇게 할 수밖에 없었던 불가피한 이유가 있었다면, 내가 부하 직원에게 화를 내는 것은 앞뒤 내용도 모르고 화를 낸다는 역효과를 불러일으킨다. 결국 나의 신뢰를 내가 떨어뜨리는 격이다. 부하 직원에게 질책이 필요할 때는 준비를 철저히 해서 확실하게 잘못된 사항을 지적해 주고, 개선 방향도 같이 제시해 주어야 한다. 그것이 부하 직원보다 경험이 많은 상사의 도리이다.

유혹은 정말로 달콤하다, 현란하다. 그리고 내가 보기에는 상당히 객관적이고, 이성적이다. 그래서 유혹을 뿌리치는 것이 쉽지 않다. 유혹은 어떤 때는 우정을 타고 오고, 어떤 때는 연민을 타고 오고, 어떤 때는 나 자신의 합리성을 타고 온다. 또 어떤 때는 권력을 타고 올 때도 있으니 어찌 뿌리치기가 쉽겠는가?

뇌물과 선물의 차이를 구분할 때 그것을 받고 나서 내 마음 한 편이 계속 불편하면 그것은 틀림없이 뇌물이라고 한다. 그것이 크든 작든 차이에 상관없이 말이다. 유혹을 뿌리치는 기본도 동일하다. 그 유혹으로 인한 것들 때문에 내가 후회할 것 같으면 그 유혹을 반드시 뿌리쳐야 한다. 유혹을 뿌리칠 줄 아는 힘을 가진 나는 조직 생활에 충분히 성공할 것이다.

8
내가 모르는 게 없을 때

조직에 합류하여 소위 어리바리한 시기를 지내고 나면, 이제는 조직 내에서 하는 일에 대해 자신감을 갖게 된다. 내가 담당하고 있는 일에 대해서는 누구보다도 많이 알고 있으며, 어떤 일이든 해낼 자신이 있다. 이러한 자신감은 조직에서 나를 인정받게끔 하고, 나를 더 역량 있는 인재로 성장시키는 원동력, 또 새로운 동기를 찾게끔 해 주는 힘이 된다. 사회생활, 조직 생활을 하면서 자신감이 없다고 하면 나의 역량과 상관없이 여러 가지 어려움이 따를 수 있다. 예를 들어 보자. 내부 업무 관련 협의 시에 자신감이 없다면 내가 적극적으로 나서기가 쉽지 않고, 수비적인 입장을 취할 가능성이 높다. 결국 그 일은 어떤 형태로든 내가 해야 할 부분이 생기는데, 내가 수비적인 자세를 취했기 때문에 내가 생각했던 방향과 다르게 추진될 수도 있고, 썩 내키지 않는 마음 상태에서 일을 해야 할 수도 있을 것이다. 자신감이 있었다고 한다면, 보다 적극적으로 내가 그 일을 이끌어 나갈 수 있었을 가능성이 크다. 그것이 일의 완성도를 높이는 요소가 될 것이다.

하지만, 자신감이 지나쳐서 자만으로 빠지는 것은 경계해야 한다. 사회에서도 종종 자신감이 지나쳐서 사실을 호도하거나, 일부분으로 전체를 인식하는 오류를 범하는 경우를 본다. 조직 내에서도 마찬가지이다. 특히, 리더의 위치에 오른 사람이 이와 같은 과도한 자신감으로 자만심을 갖게 되면, 여러 측면에서 조직에 해를 끼치게 되는 경우가 발생한다. 그러므로 내가 이렇게 되는 것을 피해야 한다. 여기 우리가 새겨 볼 말이 있다. 블랙홀이라는 용어를 고안한 유명한 물리학자 존 아치볼드 휠러(Jhon Archibald Wheeler)는 '지식의 섬이 커질수록, 무지의 해안선도 넓어진다(We live on an island surrounded by a sea of ignorance. As our island of knowledge grows, so does the shore of our ignorance)'라고 했다. 이 말은 내가 아는 것이 많다고 생각할 때, 그만큼 모르는 것이 훨씬 더 많아졌다는 것을 잊어서는 안 된다고 일깨워 준다. 물론 이것이 조직 생활에서의 자신감을 떨어뜨리는 요인이 돼서는 안 되며, 내가 더 알아야 할 것이 많고, 그것을 알려고 하는 노력이 필요할 뿐이다.

면접 위원을 하게 되면 많이 겪게 되는 일이다. 대표적으로 채용을 위한 면접 때 조직 적합성을 보는 인성 면접과 전문 지식을 검증하는 기술 면접을 보게 된다. 대체로 기술 면접을 보게 되는, 젊은 편이라고 볼 수 있는 면접 위원은 면접 평가의 판단이 빠르고 과감하다. 주저함이 없다. 자신에 차서 판단을 하게 된다. 그 면접 위원은 평가하고자 하는 분야에 대해 당연히 조직 내에서 인정받고 능력 있는 사람일 테니 말이다. 반면에 나이가 좀 있는 인성 면접 위원은 대개 판단이 빠르지 않고, 여러 가지를 생각하면서 평가를 부여하는 데 고민이 많다. 실력이 없어서 평가를 위한 판단이 느리고 고민이 많은 것이 아니다. 짧은 시간에 면접 대상자의 인생을 좌지우지할 만큼 충분히 알았을까? 내가 미처 알지 못하고 판단하는 것이 있지 않을까? 하는 고민이 있는 것이다. 좀 나이가 있는 면접 위원도 젊었을 때는 과감하고, 본인의 판단에 주저함이 없었다고 이야기한다. 하지만 지금은 판단하기가 쉽지 않다고 한다. 나이 들수록 모르는 게 더 많다는 것을 느낀다고 하면서 말이다.

일과 관련해서 모른다는 것이 면접 위원으로서 평가하는 것과 다를 수 있지만 과신, 속단, 예단 등을 불러올 수 있다는 측면에서는 동일하다 할 것이다. 일을 추진함에 있어서 이러한 과신, 속단, 예단은 일의 추진에서 실수를 유발할 수 있다. 실수를 유발한다면 그것은 돌이키기 어려운 실수가 될 가능성이 크다. 그만큼 내 판단에 확신이 있었고, 그 판단에 대하여 자신이 있었기 때문이다. 조직에서 경영자가 이러한 실수를 한다면 조직 전체에 크게 영향을 주기 때문에 더욱 경계해야 할 것이다.

《노자 도덕경》에 "알지 못함을 아는 것이 가장 좋다(知不知 上矣), 알지 못하면서 안다고 하는 것은 병이다(不知知 病也)."라는 구절이 있다. 지금도 시사하는 바가 크다. 나를 경계(警戒)하는 좋은 지표가 될 것이다. 또, 내가 모르는 것을 인정하지 않는 것은 나를 넓힐 수 있는 기회를 스스로 버리는 것이 되기도 한다.

9
세이렌(Siren)을 만난다면

세이렌(Siren)은 머리는 여자이고 몸은 새인 그리스 신화에 나오는 요정이다. 세이렌은 한 번 들으면 빠져나올 수 없는 아름다운 노랫소리로 뱃사람들을 유혹해서 잡아먹고, 배를 난파시킨다. 세이렌의 노랫소리는 너무도 듣기 좋아, 영혼이 매혹되어 빠져나올 수 없기 때문에 유혹을 피할 수가 없는 것이다. 스타벅스는 브랜드에 세이렌을 사용하고 있으니, '스타벅스 커피를 한 번 맛보면 끊을 수 없는' 커피 맛을 손님에게 주겠다는 창업의 정신이 있을 것이다. 요즈음 우리가 주로 사용하고 있는 세이렌은 사이렌(Siren)이다. 사이렌은 위험을 알리거나 긴급을 알리는 신호로 사용이 된다. 그래서 사이렌이 울리면 우리는 그곳으로부터 피해 안전한 곳으로 이동하거나, 긴급한 상황에 도움을 주기 위한 행동을 하게 된다. 전쟁 상황에서의 공습 사이렌이나, 응급 환자를 이송하기 위한 앰뷸런스의 사이렌이 대표적이다.

조직 생활을 하면서 우리는 세이렌 아니, 사이렌(Siren)을 종종 만나게 된다. 어떤 경우는 무심하게 지나치기도 하지만 어떤 경우는 심각하게 받아들이기도 한다. 조직 생활에서 어떤 사이렌을 만나고, 사이렌을 만났을 때 어떻게 대처하는 것이 좋을지 생각해 보자.

첫째, 마음으로부터 들려오는 사이렌을 듣게 될 때이다. 이유는 모르겠으나 마음이 무겁고, 용기가 없고, 두려움이 찾아온다. 출근하는 것 자체가 즐겁지 않고, 발걸음이 떨어지지 않는다. 출근을 통해서 나에게 주어지는 일의 의미가 무엇인가, 하는 질문에 대한 답을 찾기가 어렵다. 누구나 종종 겪는 피할 수 없는 상황이다. 이러한 사이렌을 들을 때 어떻게 대처하는 것이 좋을까? 우선은 마음의 여유를 갖는 게 필요하다. 나에게 '일이란 무엇인가?' 하고 의미를 되돌아보는 것이다. 현실적으로 생각하면 돈을 벌기 위해 일하는 것이고, 가치관적으로 생각하면 일을 통해 나의 완성도를 높여 가는 것이다. 나는 어느 것에 비중을 더 두고, 과정을 겪고 있는가? 이것이 나에게 어떤 결과를 가져오고 있는가를 정리해 보는 것이다. 여기서 중요한 것은 나 자신을 중심으로 생각하는 것이다. 내가 아니라 타인의 시각, 판단을 중요하게 생각하고 비교하기 시작하면 갈등을 겪게 된다. 그러면 자신의 마음으로부터 듣게 되는 사이렌을 거울 삼아 나를 안전한 곳으로 피신시킬 수 없게 된다.

둘째, 신체로부터 사이렌을 듣게 될 때이다. 대형 사고가 발생하기 전에 이와 관련한 경미한 사고 또는 징후들이 존재한다는 하인리히의 법칙이 우리 신체에도 동일하게 적용된다고 봐야 한다. 건강한 신체를 유지해야 일에서도 좋은 성과를 낼 수 있다. 최상의 상태로 신체를 관리하는 건 프로 운동선수만이 필요한 것은 아니다. 우리 모두 필요하다. 그래야만 조직에서 성과를 낼 수 있다. 나의 몸은 내가 제일 잘 알기 때문에 내 몸으로부터 오는 사이렌을 느끼고 듣게 될 때 그것을 피하는 방법도 잘 알고 있을 것이다. 당장 큰 영향이 없다고 그것을 무시해서는 안 된다.

셋째, 관계로부터 사이렌을 접하고 듣게 될 때이다. 우리는 많은 관계를 유지해야 한다. 조직 생활 중에는 조직 내에서의 관계가 전체 관계 중에 상당한 비중을 차지하게 된다. 상사와의 관계, 동료와의 관계, 부하 또는 후배와의 관계, 관련자들과의 관계 등등 조직 내에 속함으로써 어떤 경우엔 나의 의지와는 상관없이 관계를 유지해야 하는 경우가 많이 있다. 하지만, 모든 관계를 원활하고 호혜적으로 유지하기란 여간 쉽지 않은 것이 현실이다. 그리고 관계 속에서 상처를 받는 경우도 많다. 내가 기대했던 것과는 다른 반응, 결과를 접할 때 상처가 크다. 그 말은 곧, 사이렌 소리가 크다. '내가 너에게 어떻게 해 줬는데, 나한테 그럴 수가 있지?' 하는 생각이 들 때 그 사람과 더 이상 관계를 맺고 싶지 않은 것이 솔직한 마음이다. 하지만, 내가 조직 내에 속해 있는 한 피하는 것도 불가능하다. 그렇기 때문에 조직 내에서의 관계 정립은 공(일)과 사(개인적인 것)를 구분하는 것이 필요하다. 공과 사가 섞이게 되면 관계 유지가 쉽지 않다. 공적인 차원에서는 기준과 원칙에 따라서 처리하는 관계, 사적인 차원에서는 내가 하는 행동에 대해 이익을 바라지 않는 관계를 유지하는 것이 현명할 것이다. 쉽지 않은 것이지만 말이다.

넷째, 가족으로부터 사이렌을 느끼게 될 때이다. 결혼한 사람은 배우자로부터, 또 자녀로부터 사이렌을 듣게 된다. 이 사이렌은 소리가 없다. 알기 쉽지 않다. 어느 순간부터 대화가 없어진다. 가족과의 관계는 내가 어떻게 하든지, 무엇이든지 다 이해해 줄 것이라는 가정이 기반되는 경우가 많다. 그것이 문제이다. 누구든지 대화가 없으면 이해가 떨어지고, 관심이 없으면 멀어지게 된다. 알아서 무엇이든지 다 이해해 줄 것이라는 가정은 가정일 뿐이다. 가족으로부터 오는 사이렌을 느끼지 않는 방법은 누구나 다 잘 알고 있다. 실천이 안될 뿐이다.

세이렌을 만나는, 사이렌 소리를 듣지 않는 내가 되자!

10
예상치 못한 변화를 맞닥뜨릴 때

누구나 변화가 쉽지는 않다. 특히, 예상하지 못했던 변화가 나에게 일어나는 것은 적응하기 쉬운 일이 아니고, 두려움을 일으키는 일이다. 익숙한 것이 나를 안정시키고 편하게 만든다. 이것이 인간이 기본적으로 삶을 영위하는 방식이라고 할 수도 있겠다. 예를 들어 보자. 사랑하는 사람과 결혼을 할 땐 무엇보다도 기쁘지만, 배우자의 부모님은 어떤 사람일까, 집안 분위기는 어떨까, 형제·자매, 친구들은 어떨까, 내가 알지 못하는 습관은 어떤 게 있을까, 이런 것들에 대한 두려움이 있다. 내가 익숙해져 있는 것들에 새로움이 더해짐으로써, 일어나게 될 변화에 대한 걱정이 있는 것이다. 농경 사회에서 새로운 가족을 구성하는 일은 대부분 같은 동네에서 일어나게 되므로, 배우자의 가족, 환경 등에 대해 상당히 많은 정보를 가지고 결혼을 하게 되고, 삶의 방식도 대부분 유사하다. 결혼을 해도 새로운 것이 많지 않기 때문에 내가 예상하지 못하는 삶의 변화가 일어날 가능성이 크지 않다. 새로움으로 인한 변화가 일어날 가능성이 적은 것은 갈등을 유발할 요인이 적은 것과 같다. 현재는 어떠한가? 대부분 결혼을 결심할 때 당사자들 서로에 대한 환경과 정보 외에는 별로 알고 있는 것이 많지 않다. 사실은 관심이 없기도 하다. 당사자들끼리도 알지 못하는 것이 많이 있을 수 있다. 이러한 것들이 갈등을 유발하는 잠재적인 요인들로 작용한다.

인간의 자유를 상당히 제한받는 환경에서도 익숙함이 변화보다 더 자연스럽다. 현재 있는 곳에서 다른 곳으로 옮겨지는 것보다는 현재 있는 곳을 선호하고, 현재 있는 곳에서 안정을 찾는다. 내가 매일 만나야 하는 사람이 낯설지 않고, 내가 밥 먹는 곳이 낯설지 않고, 내가 활동해야 하는 공간이 낯설지 않고, 내가 잠자는 곳이 낯설지 않기 때문에 편안하다. 이러함은 자유 의지를 제한받지 않는 환경에서도 대부분 동일하다. 즉, 인간은 나의 환경과 루틴(Routine)이 바뀔 때 큰 스트레스를 받는다.

조직 생활에서의 변화는 어떠한가? 조직 생활에서의 변화를 어려워하지 않는 사람은 드물 것이다. 처음 입사할 때 내 책상은 어디에 있는지, 나와 함께 일하는 동료는 누구인지, 상사는 어떤 사람인지, 점심 먹을 곳은 어딘지, 내가 이곳에 오래 몸담을 수 있는지, 하나같이 내가 겪어 보지 못했으며 나에게 변화를 요구할 것들이다. 조직 생활을 하는 중에도 수많은 변화를 직면하게 된다. 그러한 변화 중에서 인사 발령을 통해 새로운 부서로 발령을 받게 되고, 새로운 일을 하게 될 때의 당혹감은 어느 정도 사전에 알고 있었다고 하더라도 크기 마련이다. 이러한 상황을 어떻게 관리할 수 있을까?

조직 생활 중에서 가장 당혹스러운 변화이자, 예상치 못하게 직면하는 변화는 조직을 떠나게 되는 경우이다. 내가 전혀 예상을 못하고 있을 때 타의로 떠나야 하는 경우 말이다. 그 조직에 얼마 동안 몸담았느냐에 따라 그 당혹감은 비례한다. 조직에 오랫동안 몸담았던 사람일수록 당혹감이 더 크다. 또한, 오랫동안 몸담았던 사람들인 경우 그 변화를 잘 감당하지 못하는 경우가 종종 있어 안타까움을 주기도 한다.

인간이 삶을 살아가면서 변화에 대해 느끼는 당혹감을 어떻게 Manage 하느냐는, 삶의 행복을 좌우한다고 할 수 있다. 변화에 대한 당혹감을 다음과 같은 수식으로 풀어 보자. '변화 당혹감 = 변화 크기/변화 Manage 역량'. '변화 당혹감'은 분자인 '변화 크기'보다는 분모인 '변화 Manage 역량'에 의해서 결정된다 할 수 있겠다. 그래서, 당혹감을 잘 Manage하기 위해서는 분모를 크게 하는 것이 필요하다. 분모가 크면 클수록 분잣값인 '변화 크기'에 상관없이 '변화 당혹감' 값이 작아질 수 있기 때문이다.

어떻게 하는 것이 분모인 '변화 Manage 역량'의 값을 키우는 것일까?

첫 번째는 다양성을 가지도록 애써야 한다. 살아간다는 것은 지금 내가 속해 있는 세상, 조직에 집중하기 마련이다. 아침에 출근해서 일하고 퇴근하고, 일상의 틀에서 벗어나기란 쉽지 않다. 내가 속해 있는 조직에 집중하고, 내가 하는 일에 집중하는 것이 당연한 미덕으로 여겨지고 있는 것이 현실이다. 그러므로 자연스럽게 조직에 속해 있는 동안 조직의 프리즘으로 세상을 보게 된다. 나의 관점이 단순화되고, 다양한 프리즘을 가지지 못할 확률이 크다. 내 프리즘의 단순화를 방지하고, 다양한 프리즘을 가지기 위해서는 다양한 관심과 접촉이 필요하다. '젊어서 고생은 사서 한다'라는 말이 그래서 생겼을 것이다.

두 번째는 변화를 두려워하지 않는 마음이다. 'Hoc quoque transibit(This too shall pass away)', 이 또한 지나가리라. 내가 예상하지 못했던 변화라고 하더라도, 그 어떠한 것도 시간이 지남으로써 나에게 새로운 익숙함과 안정을 주기 마련이다. 새로운 변화가 다가왔을 때 그 변화를 피하는 것이 아니라, 그 변화를 나의 것으로 만들기 위해 대면하는 일, 그것 하나로 충분하다. 겪어 보지 않은 변화의 당혹감 크기는 겪어 봤을 때의 당혹감 크기에 비해 터무니없이 큰 경우가 대부분이다. 그리고 맞닥뜨리는 변화는 항상 새로운 가능성을 가지고 찾아오기 마련이다.

세 번째는 내가 의지할 곳을 마련해 두는 것이다. 즉, Shelter를 마련해 주는 것이다. 가족, 친구, 직장 동료나 선배, 3단계로 마련해 두어야 한다. 내가 마음을 터놓을 수 있고, 나의 이야기에 공감할 수 있도록 평소에 꾸준하게 준비도 해 두어야 한다. 감당하기 어려운 변화에 맞닥뜨렸을 때 터놓고 얘기할 수 있는 상대가 없는 경우가 의외로 많다. '변화 Manage 역량'의 분못값을 키우는 이러한 준비는 평소에 꾸준하게 준비를 해 두어야 하며, 하루아침에 되는 것이 아니다.

예상치 못한 변화를 맞닥뜨려도 두려워하지 않는 우리가 되어야 한다.

11
희로애락(喜怒哀樂)은 무엇인가?

우리는 삶의 여정을 표현할 때 희로애락(喜怒哀樂)이라는 단어를 사용한다. 기쁨과 노여움, 슬픔과 즐거움이라는 뜻으로 우리가 살아가면서 겪는 여정에서의 감정 대부분을 이 네 글자로 표현할 수 있을 것이다. 희로애락(喜怒哀樂)이 점철된 것이 우리의 삶이다. 기쁜 일이 있으면 화나는 일이 생기기도 하고, 슬픈 일이 생기기도 한다. 하지만 이것이 계속되는 것은 아니다. 즐거운 일도 또 생기기 마련이다. 어떤 것이든 계속되기는 어렵다. 그것이 우리 삶의 여정이다.

기쁨은 어떤 것인가? '욕구가 충족되었을 때의 흐뭇하고 흡족한 마음이나 느낌'이라고 사전 풀이가 나와 있다. 즉, 어떤 구체적인 행동을 통해서 내가 바라는 바가 달성되었을 때 또는 행동의 결과를 통해서 갖게 되는 마음이라고 할 수 있다. 예를 들어 열심히 시험 준비를 해서 좋은 성적을 거두었을 때 드는 마음이 기쁨이다. 또, 열심히 일해서 월급을 받았을 때 느끼는 감정이 기쁜 마음일 것이다. 하지만 이 기쁜 마음의 크기는 각자가 얼마나 그것을 원하느냐에 따라서 다르다. 그것을 원하는 욕구가 간절한 만큼 기쁨의 크기는 커지기 마련이다.

 노여움은 어떤 것인가? '분하고, 섭섭하여 화가 치미는 감정'이라고 사전 풀이가 나와 있다. 즉, 내가 바라는 바가 달성되지 않았을 때 또는 우리 사회에서 자연히 유지되어야 하는 규율이 깨질 때 들게 되는 마음이 노여움이다. 예를 들어 경쟁의 상황에서 이기게 되면 내가 바라는 바가 달성된 것이므로 기쁜 마음이 들 것이다. 하지만, 경쟁에서 지게 되면 내가 바라는 바가 달성되지 못한 것이므로 상대방에게 또는 나에게 노여움이 생기게 된다. 물론 이 노여움도 그것을 얼마나 원했느냐에 따라서 크기는 다를 수 있겠지만 말이다. 그리고 사회 유지의 중추인 정의가 깨지게 될 때 노여움이 생기게 된다. 나의 욕망을 위해서 다른 사람을 해(害)하지 않는 것이 정의의 기본 원리인데, 이것을 지키지 않는 것은 사회 유지를 어렵게 하고 우리의 삶을 위협하는 것이기 때문에 노여움이 자연스레 생기게 된다. 이러한 노여움을 통해서 깨진 사회의 정의가 다시 제자리를 잡는 것이 자연의 이치이며, 역사는 우리에게 이와 같은 교훈을 수없이 주고 있다.

 슬픔은 어떤 것인가? '슬픈 마음이나 느낌, 정신적 고통이 지속되는 일'이라고 사전 풀이가 나와 있다. 내가 소중하게 생각하는 것을 잃어버리게 됐을 때, 잃어버렸을 때 생겨나는 마음이 슬픔이다. 내가 소중하게 생각하는 것은 물리적인 소유는 물론 정신적인 소유를 모두 포함한다. 사람에게 가장 크게 슬픔을 느끼게 하는 일은 사랑하는 사람을 잃는 것이다. 특히 가족을 잃는 슬픔은 그 어느 것보다도 큰 슬픔이다. 그만큼 소중하기 때문이다. 또, 슬픔은 희망을 잃어버렸을 때 크게 찾아온다. 희망은 불확실한 미래에 모든 것을 가능하게 만들 수 있다. 그러나 희망이 없다고 한다면 우리는 살아갈 의지를 잃어버리게 되고, 그것은 당사자뿐 아니라 주변에도 큰 슬픔을 안길 가능성이 크다. 이렇듯 희망은 불가능을 가능하게 만듦으로써 슬픔을 작게 만드는 데 중요한 역할을 한다.

즐거움은 어떤 것인가? '즐거운 느낌이나 마음'이라고 사전 풀이가 나와 있다. 즐거운 마음은 오래 지속되기는 어렵다. 일정한 시간이 지나면 그때의 기억으로 남게 되기 때문에 보통은 그 즐거움을 또 느끼길 원하게 되고, 그 즐거움을 유발하는 행동을 하게 된다. 예를 들어 먹는 즐거움, 듣는 즐거움, 보는 즐거움이 여기에 해당할 것이다. 하지만 사회적으로 금지하는 쾌락을 좇는 경우나 그 즐거움을 느끼는 것이 도를 지나치게 되면 문제에 봉착하게 된다. 따라서, 즐거움을 찾는 일에는 일정한 수준의 절제가 반드시 수반되어야 한다.

조직 생활에 있어서도 당연히 희로애락(喜怒哀樂)이 있을 수밖에 없다. 당연히 존재하는 희로애락(喜怒哀樂) 중에 조직 생활의 기쁜 일에 해당되는 것은 무엇일까? 조직으로부터 인정받는 것이 제일 큰 기쁨일 것이다. 조직으로부터 인정받는다는 생각이 들 때 그 사람은 어느 누구보다도 조직을 위해서 최선을 다할 것이다. 이것은 또한 그 사람의 인생에 큰 기쁨이 된다. 그럼 어떻게 하면 우리는 조직으로부터 인정을 받을 수 있는가? 그 출발은 나로부터 나오게 된다. 내 마음으로부터 조직에 대한 사랑이 있어야 조직으로부터 인정을 받을 수 있다. 조직에 대한 사랑이 없다면 나한테서 나오는 것들은 가치를 가지기 어렵다. 가치를 가지기 어려운 결과로부터 조직에게 사랑받는 것을 기대하는 것은 어불성설일 것이다. 조직으로부터 인정을 받아 내가 기쁨을 가지게 되면, 그 기쁨은 조직 생활에서의 노여움과 슬픔의 크기를 좌우할 수 있다. 조직 생활에서 노여움과 슬픔이 없을 수는 없지만 그 크기를 기쁨을 통해서 작게 만들 수 있게 된다. 또한, 노여움과 슬픔을 최대한 작게 만들 수 있으면 조직 생활의 즐거움을 크게 만들 수 있게 된다. 이렇듯 조직 생활의 희로애락(喜怒哀樂)은 서로 밀접하게 연관되어 있다 할 것이다.

내가 조직을 사랑하는 것으로부터 조직 생활의 기쁨을 가질 수 있게 되고, 조직 생활의 기쁨을 가지는 것은 나의 조직 생활을 성공적으로 만드는 지름길이 된다.

12
참을 줄 아는 지혜

참을 인(忍) 자 셋이면 살인도 피한다는 옛말이 있다. 어떠한 어려움이 있더라도 참고 견디면, 그 어려움을 이겨 낼 수 있다는 뜻으로 내려와 사용되고 있다. 하지만 지금 우리는 이 '참는다'는 것을 좀 더 넓게 생각해 볼 필요가 있겠다. '참는다'는 것을 3개의 카테고리로 나누어 보자. 물론, 이 세 개의 카테고리가 완전히 구분되지 않고 상호 작용되는 부분이 상당히 있겠지만, 이해의 편의를 위해서 구분해 보자. 참는다의 첫 번째는 나의 생리적 욕구와 관련한 것들이 될 것이다. 두 번째는 내가 아는 지식과 관련한 것들이 될 것이고, 세 번째는 사회적 관계, 조직 생활과 관련한 것들이 될 것이다.

첫 번째, 나의 생리적 욕구와 관련한 것들을 보자. 당연히 인간의 기본적 욕구인 생리적 욕구들이 충족되어야 하겠다. 이는 인간을 생존시키는 원리로 작동하기 때문이다. 하지만 사회관계 속에서 나의 욕구 충족만을 위해 행동한다면, 이는 사회 유지를 불가능하게 만들 것이다. 이러한 측면에서 나의 개인적 욕구 충족은 사회 유지와는 상충 관계이기 때문에 사회는 교육을 통하여 개별 인간들이 생리적 욕구 충족을 어떻게 적절히 통제할 것인가를 가르친다. 같은 맥락에서 조직 생활에서의 생리적 욕구와 관련하여 생각해 보자. TV에서 직장인들의 점심 관련 광고를 보면, 부장님이 설렁탕을 먹으러 가자고 할 때 부하 직원들은 피자를 먹고 싶은 속마음을 표현하지 못하고, 좋다고 하면서 부장님과 동행한다. 회식도 그렇고, 휴가 사용도 그렇다. 상사와 부하 직원 간에 기본적인 생리적 욕구에 해당한다고 할 수 있는 것들에 대해서 관점의 차이가 있을 수 있다. 이때 부하 직원 입장에서는 자기의 욕구를 어느 정도까지 표현할지에 대해서 고민을 할 수밖에 없다.

얼마나 표현할지의 기준은 생리적 욕구와 관련한 것들이 나의 가치에 얼마나 영향을 주느냐에 따라서 판단이 달라질 것이다. 예를 들어 나에게 점심은 하루의 세끼 중 유일하게 잘 먹을 수 있는 끼니라고 한다면 내가 원하는 것을 먹는 것이 맞을 것이다. 아침, 저녁을 간단히 먹는 식사 습관을 갖고 있어서 점심이 나한테는 제일 중요한 끼니이기 때문이다. 이 경우 나의 상황과 의견을 부장님에게 정확히 표현하는 게 맞을 것이다. 다만, 표현의 유연함을 갖추는 것이 좋겠다. 왜냐하면 부장님도 본인의 생리적 욕구에 기반하여 제안했기 때문에 그 욕구를 거절하는 것임을 감안해야 한다. 하지만 아침, 점심, 저녁 세끼 중 한끼가 점심이라고 생각한다면 설렁탕을 먹으러 가자는 부장님의 제안에 크게 부담감이 없을 것이다. 이렇듯 생리적 욕구와 관련한 다른 것에 대한 판단도 이와 유사한 기준을 가지고 대처하면 별 무리가 없을 것이다.

두 번째, 내가 아는 지식과 관련한 것들을 보자. 사람들은 훈수를 두는 것을 좋아한다. 조직 생활에서도 마찬가지이다. 상사와 부하 직원 관계를 떠나서 조직 구성원들에게 훈수를 두게 되는 경우가 많다. 하지만 이때 훈수를 잘못 두면 상대방과의 관계를 해치게 되고, 나에 대한 평판을 좋지 않게 형성시킬 수 있다. 제3자의 관점에서 보면 당사자가 잘 보지 못하는 것을 나는 잘 볼 수 있기 때문에 훈수를 둘 수 있다. 반대로 생각하면 나에 대해서 다른 사람도 똑같이 행동할 수 있다. 다른 사람에게 훈수 두는 것은 좋아하면서 나에 대해 다른 사람이 훈수 두는 것은 싫어한다면 그것은 이율배반이 되겠지만, 대부분의 경우 훈수를 받는 것은 싫어하는 경향을 띤다. 그렇기 때문에 훈수를 둘 때는 반드시 사전에 상대방에게 사전 동의를 구하는 것이 필요하다. 상대가 훈수를 받을 준비가 안되어 있는데 불쑥 훈수를 두게 되면 나의 좋은 의도와는 다르게 좋지 않은 결과를 초래할 수 있다. 내가 아는 지식이 오히려 나를 해치게 되는 결과를 초래하는 것이다. 이것은 코칭의 기본 원칙이 되기도 한다. 코칭을 받는 사람이 코칭을 받는 것에 대해서 동의를 하고, 래포(Rapport)가 형성될 때 코칭의 효과가 있다. 상사와 부하 직원 관계에서도 그렇고, 부모와 자식 간의 관계에서도 훈수를 무조건 두게 되면 그 관계가 더 악화될 소지가 있음을 항상 염두에 두고 나서야 한다. 그래서 훈수에서는 참는 것이 기본 원칙이라고 본다.

세 번째, 사회적 관계, 조직 생활에 관한 것들을 보자. 사회적 관계는 위의 두 가지보다 더 복잡하다. 내가 나서야 할 때, 나서기를 참아야 할 때를 정하기가 쉽지 않다. 조직에서 언제 나서야 하고, 언제 나서기를 참아야 하는가? 이때 필요한 것은 조직 전체를 보면서 판단하는 것이다. 내가 속해 있는 조직의 이해관계에 따라서 이익과 손해를 대변해야 하는 사안이면 적극적으로 나서는 것이 필요하다. 또한, 성과 창출과 관련된 사안일 때도 적극적으로 나서는 것이 필요하다. 그것이 맞는지, 안 맞는지는 그다음의 문제이다. 혹여 내가 생각하는 내용과 다른 방향으로 결정이 된다고 하더라도 말이다. 그것은 내가 잘못한 것과는 다른 것이다. 반면에 내 조직만의 이익을 대변하는 사안이면, 나서는 것을 재고해 보고, 나서기를 참아야 한다. 그것이 조직 전체 이익에 반하는 것이라면 더욱 재고해야 한다. 그런 경우 나서는 것을 참는 것뿐 아니라, 한 발 물러서는 것이 필요하다. 또 그 관계 속의 개인과 개인 간에는 역지사지를 생각하면서, 그 입장을 이해하려고 노력하는 것을 기본으로 해야 한다. 어떠한 상황에서도 개인을 평가하고, 조직에 속한 개인의 입장을 판단하는 것은 신중해야 한다. 평가를 하더라도 그것을 외부로 표현하는 것을 참는 것이 사회적 관계, 조직 내에서의 관계를 우호적으로 형성하고, 유지하는 방법이 될 것이다.

무조건 참는 것이 좋은 것이 아니고, 자신의 의견을 명확하게 표현하는 것이 필요한 시대에 살고 있다. 또 그것이 잘 받아들여지는 사회, 조직에 살고 있다. 그래도 참을 줄 아는 지혜는 영원히 우리에게 사회적 관계, 조직 생활에서 좋은 관계를 유지하게 해 주고, 워크플레이스에서 성과를 창출해 가며 성공적인 삶을 살게 해 주는 역할을 할 것이다.

13
나의 자유를 찾아서

1215년 영국 존 왕이 마그나카르타에 서명함으로써 근대 헌법의 토대가 되고, 자유 민주주의의 근간이 되었다. 폭정에 못 견딘 귀족들이 반란을 일으키고 시민들이 동조하게 되어 결국은 왕이 굴복, 마그나카르타에 서명하게 된 것이다. 전문 63조의 마그나카르타는 왕의 과세권 제한, 자유민의 보증, 마그나카르타의 존중이 주요 내용인데, 그중 39조에는 '자유민은 동등한 신분을 가진 자에 의한 합법적 재판 혹은 국법에 의하지 않고서는 체포, 감금, 추방, 재산의 몰수 또는 어떠한 방식의 고통도 받지 않는다'라고 되어 있다. 이것이 민주주의의 시작이라고 할 수 있다. 이후 프랑스 혁명, 미국 남북 전쟁을 통해서 진정한 인간의 자유를 보장하는 자유 민주주의를 발전시켜 왔고 지금에 이르고 있다. 이것이 지금 우리가 누리는 자유이다. 인간 본래의 권리인 자유를 억압받는 곳이 있기는 하지만 말이다.

조직에서의 자유도 계속 발전되어 왔다. 같은 시대를 살고 있는 우리에게 조직에서의 자유가 억압되고, 심지어 폭력도 행사되던 시기가 있었다는 것은 상상하기 어려울 것이다. 당시 상사, 선배의 말은 법이나 마찬가지였고 거부하기 어려운 명령과 같은 시기가 있었다. 이제 그런 조직은 없다. 존재할 수가 없다. 지금 우리는 자유로운 환경에서 일한다. 하지만, 화려한 퇴사를 꿈꾼다. 더 이상 조직에 구속되는 삶을 살고 싶지 않다는 수사를 구사하며 조직에서 벗어나는 것을 목표로 하는 사람도 있다. 어떻게 된 것일까? 자기 스스로 자신의 자유를 지켜 내지 못한 까닭일 것이다.

조직에서 내 자유를 어떻게 지켜 낼 수 있을까?

조직에서 일에 항상 쪼들려 있는 경우가 많다. 일 A가 끝나기도 전에 일 B는 어떻게 됐냐고 재촉을 받는다. 일 B가 끝나기도 전에 일 C가 또 떨어진다. 능력이 뛰어나 일이 몰리는 거라면 힘은 들지라도 행복한 일이다. 하지만 그렇지 않다면 아침에 일어나 출근하고 싶은 마음이 안 들고, 하루하루가 지옥 같은 날들일 것이다. 왜 그럴까? 이 경우 내가 주체적으로 일한다는 생각을 갖기 어렵다. 시키는 일을 하기도 바쁘니 말이다. 주체적으로 일한다는 것은 자유 의지하에 일한다는 것과 같은 것이다. 주체적으로 일할 때 나에게 자유가 있는 것이다. 그러나, 시키는 일 하기도 바쁘다는 것은 나에게 자유가 없는 것과 똑같다. 그럼 주체적으로 일한다는 것은 무엇일까? 간단히 생각해 보자. 상사가 일의 결과를 찾기 전에 상사에게 가져가는 것이다. 몇 번만 이렇게 한다면 '아, 저 직원은 스스로 알아서 잘하는구나' 하고 상사가 나를 신뢰하게 될 것이다. 신뢰가 형성되면 나는 주체적으로 일할 수 있게 되고 자유를 갖게 되는 것이다. 이러한 것은 상사와의 관계뿐 아니라, 동료와의 관계에서도 후배와의 관계에서도 친구와의 관계에서도 마찬가지이다.

일의 결과를 어떻게 상사가 찾기 전에 상사에게 가져갈 수 있을까?

그 첫 번째는 일의 전후를 보도록 노력하는 것이다. 조직에서의 일은 대부분 그 일 하나만(Stand alone)으로 끝나는 경우는 없다. 여러 가지 일들이 연결되어 있고 그중에 일부를 내가 담당하는 경우가 보통일 것이다. 내가 하고 있는 일만 본다고 하면 그 일의 중요성, 시급성을 파악하기 어렵다. 흐름도 파악하기 어렵다. 전체를 보면서 내 일을 파악한다고 하면 일에 대해서 어떻게 접근할지, 어떻게 해결책을 가져갈지, 확장하거나 미리 준비할 것은 없는지를 알 수 있을 것이다. 물론 부단한 노력과 정성이 있어야 함은 당연하지만 말이다.

두 번째는 협력(Cooperation)을 잘 이끌어 내야 한다. 나 혼자 해결할 수 있는 일은 많지 않다. 점점 그렇다. 나 혼자 해결하려고 애쓰다가 성과는 못 내고, 시간만 가는 경우가 허다하다. 일 잘한다고 인정받는 경우 중 많은 케이스가 나의 일을 다른 사람을 통하여 해내는 케이스이다. 이것은 기업의 입장에서도 마찬가지이다. 기업 내(In House)에 모든 자원과 역량을 가지고 있을 수 없기 때문에 기업 외부에 있는 자원을 얼마나 잘 활용하느냐(Outsourcing)가 기업의 성과와 직결된다. 많은 경우 내가 찾고 있는 해결책은 조직 내부와 외부, 어딘가엔 있다. 그것을 잘 찾아내고 활용해야 한다. 이것이 협력이고, 나의 자유를 찾아 준다.

세 번째는 공유(Sharing)이다. 내가 하고 있는 일에 대해 공유하는 것이다. 오픈 마인드(Open Mind)로 잘되고 있으면 잘되고 있는 대로, 어려운 문제가 있으면 문제가 있는 대로 과정을 공유하는 것이 필요하다. 상사에게 진행 사항을 단계별로 보고해 주면 불안해하지 않는다. 우리가 어둠 속에 있을 때 불안하지 않은가? 상사 입장에서는 일의 중간 과정을 모르는 것이 어둠 속에 있는 것이나 다름없다. 또한, 어려운 문제를 공유하면 의외의 곳에서 쉽게 해결책을 발견할 수도 있고, 어려움을 같이 고민하면 혼자서 고민하는 것보다 훨씬 좋은 해결책을 찾을 수 있다. 결국 이것이 나와 조직을 위하는 길이다.

우리는 나 아닌 다른 곳에서 이유를 찾을 때가 많다. 하지만, 그 이유의 대부분은 나에게서 비롯된다. 조직에서 나의 자유도 마찬가지이다. 상사가 나를 구속하는 것이 아니라, 과다한 업무가 나를 구속하는 것이 아니라, 내가 나를 구속하고 있지 않은가를 돌아봐야 한다.

14
질문이 필요하다

사람이 태어나서 말을 하기 시작하면 '이게 뭐야?', '이게 뭐야?' 하고 물어보면서 세상을 알아 간다. 세상에 질문을 하기 시작하는 것이다. 만약 이런 질문이 없다고 한다면 세상을 알아 가는 데 한계가 있을 것이다. 아니, 세상을 알아 갈 수가 없다. 학교에서도 마찬가지이다. 질문을 하는 학생과 질문을 하지 않는 학생의 학업 성취에 차이가 있음은 누구나 다 아는 사실이다. 학교 졸업 후 사회에 나가서도 질문을 계속하는 사람은 삶을 능동적으로 살게 되고, 성취의 크기 또한 클 가능성이 크다. 이는 기업이나 국가 차원에서도 동일하다. 질문이 얼마나 잘 수용될 수 있는 문화인가, 수용되지 않는 문화인가 하는 것이 그 사회를 평가하는 중요한 척도가 된다. 우리 사회가 점점 질문을 안 하는 사회, 무조건적인 수용이 미덕인 사회, 질문을 하면 공격을 받는 사회가 되는 것은 아닌가 하는 우려도 있지만 기우일 것이다.

기업 차원에서도 질문이 활성화되게끔 하기 위하여 많은 노력들을 한다. 다수의 기업들이 내부 인트라넷을 활용하여 어떠한 내용이든 질문하면 답변을 받을 수 있는 시스템을 운영하고 있다. 예를 들어, 업무 지식과 관련한 사항에 대하여 질문을 하게 되면 그 내용에 대해서 잘 아는 사람이 답변을 한다. 또는 어디 가면 그와 관련한 정보를 얻을 수 있는지를 알려 준다. 기업의 정책과 관련해서도 질문을 하면 답변이 나온다. 인사 정책과 관련한 질문을 하면 인사 부서에서 답변을 하고, 재무 관련한 사항은 재무 관련 부서에서 답변을 하는 등, 업무와 관련된 부서에서 답변을 한다. 그리고 이 시스템 내에서는 개인적 차원의 취미 활동과 관련한 정보를 주고받기도 한다. 집단 지성을 활용하는 방법으로 도입하는 것이다. 이와는 별도로 주기적으로 기업의 비전 정책, 경영 현황, 이슈들을 CEO진이 직원들을 대상으로 설명하고, 구성원들이 질문을 하면 답변을 해 준다. 이를 통해 내가 속해 있는 조직의 전체 현황을 파악할 수 있고, 나아가는 방향을 파악하게 됨으로써 직원들은 로열티가 높아진다. 이러한 것 중 가장 대표적인 하나가 구글의 경영 현황 공유와 Q&A가 가능한 'TGIF 미팅'이었다. 새로운 구글 CEO인 순다 피차이가 그 형태를 바꾸긴 했지만 경영 현황에 대한 공유, Q&A는 계속될 것이다. 이러한 것은 기업의 성과와 직결되는 것이기 때문이다.

질문의 중요성은 아무리 강조하여도 부족함이 없다. 이러한 차원에서 보면 조직의 공식적인 시스템에서 제공되는 것뿐만 아니라 실질적으로 구성원 각자가 질문을 어떻게 하느냐, 할 수 있느냐가 훨씬 더 중요한 의미를 갖는다. 공식적인 시스템은 잘 갖추어져 있어도 그것이 운영되는 실질적 내용을 보면 형식적인 경우가 허다하기 때문이다. 질문이 활성화된 조직을 위해서는 내가 질문을 적극적으로 해야 한다. 두려워하지 말고, 창피해하지 말고 말이다. 이는 조직 내 질문 시스템이 어떻게 구축되어 있느냐 하고는 별 상관이 없다. 이해가 잘 안되는 지시, 이 일을 왜 해야 되는지에 대한 공감 부족, 이 일이 어떤 의미를 갖는지에 대한 이해 부족 등이 있을 때, 질문을 하지 않고 주어진 대로 일을 처리하면 일의 성과는 만족한 성과가 아닐 것이다. 나의 업무 만족도 또한 높지 않을 것이다. 내가 주체적으로 일을 하는 것이 아니라 수동적인 상태에서 일했기 때문이다. 이럴 때 반드시 질문을 해야 한다. 왜, 무엇을 위해서 하는 일인지 질문을 해야 한다.

그리고 내가 질문을 받는 것 또한 피해서는 안 된다. 상대가 나에게 질문하는 것이 편하고, 스스럼없어야 한다. 나에게 질문을 하는 사람이 없다고 하는 것은 내가 어려워서일 것이고, 내게 질문을 했을 때 나에게서 별로 얻을 것이 없다고 생각하기 때문일 것이다. 내가 질문을 할 때 그 질문에 답변하는 사람의 태도, 답변에 대한 가치를 생각해 보면 내가 질문을 받았을 때 어떻게 답해야 할지는 쉽게 알 수 있을 것이다. 질문이 자유로운 것은 조직의 성과와 직결되는 문제임과 동시에 더불어 나의 가치 또한 올릴 수 있는 요소가 됨을 잊지 말자.

과거에는 단합된 힘, 통일된 한 방향의 힘이 조직 전체의 힘을 크게 하는 중요한 요소로 작동되었다. 그리고 이러한 단합된 힘, 통일된 한 방향의 힘은 구성원들의 이견 없는 합의를 통해서 발휘된다고 믿었다. 그렇기 때문에 단합된 힘, 통일된 힘을 발휘하기 위해 '이거 왜 해야 돼요?' 하는 질문 같은 것은 잘 받아들여지지 않았던 것이다. 하지만 지금은, 앞으로의 시대는 조직 구성원의 다양성과 개별 역량 발휘가 조직의 성과를 좌우하는 시대이다. 단합된 힘, 통일된 힘도 중요하지만 조직 구성원의 다양성과 개별 역량이 더 중요한 시대로 들어섰다. 이러한 시대에 요구되는 개별 구성원의 다양성과 개별 역량은 어디서 나오는가? 그 출발점은 질문이다. 조직을 위해서, 또 나를 위해서 질문이 필요한 시대이다.

15
조직 떠나기를 고민할 때

조직에 몸담을 수 있는 기회가 많지 않으니 사치한 고민이라고 할 수 있을지 모르겠지만 우리는 조직에 몸담는 순간부터 이 조직에 잘 들어온 건지, 조직의 목표가 내가 추구하는 목표와 부합할 수 있는지, 이 조직에서 내가 역량을 발휘해 성장해 나갈 수 있는지, 나에게 적절한 보상을 해 줄 수 있는 조직인지, 상사와 동료들과는 잘 지낼 수 있는지 등등 고민을 하게 되면서 이 조직을 떠나 새로운 길을 모색해야 하는 것 아닌가 하는 의문이 든다. 이러한 의문은 조직에 몸담는 기간이 경과함에 따라, 없어지지 않고 더 심해지기도 한다. 하지만 어렵게 합격해서 들어온 조직인데 여기를 떠난다고 하면 나를 받아 줄 데가 있을까, 남들이 좋은 직장이라고 하는데 견뎌 봐야지, 당장 월급 받아서 생활비도 써야 되고 가족들 생계도 걸려 있으니, 하는 현실 문제 등등으로 조직을 떠나는 결심을 하기란 쉽지 않다. 이렇듯 이상과 현실의 갭(Gap)이 존재하는 상태로 조직 생활을 이어 가는 것이 우리의 현실 아닐까?

이윤을 추구하기 위해서 추진해야 하는 일들은 무수한 의사 결정을 바탕으로 이루어지기 때문에, 이윤 추구를 기본 목표로 하는 기업은 당연히 의사 결정이 가능한 구조로 조직 형태를 취하기 마련이다. 그렇지 않으면 일의 추진이 사실상 불가능하기 때문이다. 의사 결정이 가능한 조직이라 함은 그것이 기능적 조직 형태를 띠든, 사업부제 조직 형태를 띠든, 매트릭스 조직의 형태를 띠든 간에 의사 결정을 주도하는 사람이 있게 되고, 구성원 중에 하나인 나는 그를 상사로 모시게 되는 것이 일반적이다. 그리고 그 상사를 통해서 조직(기업)을 보고 이해하게 된다. 그런 역할을 하는 상사와 잘 맞지 않을 때 우리는 조직에 회의가 들게 되고, 그것이 조직을 떠나야 되는 것 아닌가 고민하게 만드는 가장 대표적인 이유이다.

　상사와 맞지 않는 이유는 여러 가지가 있을 것이다. 상사의 사고방식, 일하는 방식, 리더십, 추진력, 도덕성, 부하 관리 방식 등등 상황과 여건에 따라 헤아릴 수 없는 이유가 있다. 거기에 나의 사고방식, 일하는 방식, 추진력, 도덕성도 똑같이 고려해야 하니 경우의 수가 너무도 많을 것이다. 조직 생활을 하는 사람들 누구도 지위의 고하를 막론하고 상사에 대해서 불만이 없는 경우는 없다. 상사라는 위치가 부하 직원들에 대해서 관리, 감독, 평가의 역할이 있기 때문에 부하 직원들과 기본적으로 불편한 관계를 기정한다고 하더라도, 상사와 잘 맞지 않는 것은 일상적인 불만을 뛰어넘어 조직 생활에 큰 어려움, 고통이 따르는 일이다. 그 상황에 어떻게 대처하는 것이 현명한 것일까? 상사의 입장에서 나를 리뷰해 보는 것이 대처의 시작이다. 이때 나를 스스로 리뷰하는 것은 어렵기 때문에 동료의 도움을 받아야 한다. 내가 이러이러한 어려움을 겪는 것을 리스트 업(List up)하고, 그것에 대해서 동료에게 객관적으로 피드백을 받아 보는 것이다. 이를 통해서 상사와 나의 갭을 파악할 수 있고, 파악된 갭을 통해서 나는 결정을 할 수 있다. 갭을 어떻게든 줄일 수 있겠는지, 아니면 줄이기 어려울지에 따라 그 결정이 달라지겠지만 말이다. 어떤 결정을 내릴지는 각자의 몫이다. 정답은 없다.

그다음으로 조직에 회의를 갖게 되는 이유는 조직의 성장과 관련한 것이다. 조직의 성장이 기대되지 않는다고 하면, 그 조직에 속한 나도 성장을 기대하기 어렵기 때문이다. 조직의 성장성은 조직이 라이프 사이클(Life Cycle) 중에 어느 단계에 있느냐에 따라 그 판단 기준이 다르다. 소위 스타트업(Start Up)은 성장성의 진폭이 크다. 성공하게 되면 비약적(Quantum leaf)인 성장을 하지만, 실패하게 되면 조직 자체가 없어질 수 있다. 반면, 대기업은 조직 성장성의 진폭이 크지 않다. 선진국의 경제 성장률이 이머징(Emerging) 국가에 비해서 상대적으로 낮은 것과 같은 원리라고 할 수 있겠다. 내가 기대하고 원하는 조직의 성장 속도와 크기가, 내가 속해 있는 조직의 라이프 사이클 단계와 같다고 해서 나에게 고민이 없는 것은 아니다. 스타트업은 스타트업대로, 대기업은 대기업대로 내가 조직에 들어갈 때 기대하고 원했던 것과 차이가 나면 고민이 시작되는 것이다. 이 또한 정답은 없다. 내가 안정을 추구하는 것인지, 도전을 추구하는 것인지에 따라서 결정이 달라질 수 있기 때문이다. 어떤 결정을 내릴지는 각자의 몫으로 남겨 둔다.

또 많이 일어나는 고민이 일과 관련해서이다. 조직에서 내가 담당해야 하는 일이 나와 잘 맞지 않는 경우이다. 내가 조직을 선택하면서 하게 된 일이기 때문에 일도 내가 선택한 것이라고 할 수 있다. 그런데 어떻게 내가 담당하는 일이 나와 맞지 않는다고 할 수 있느냐고 반문할 수도 있지만, 실제 일을 하면서 느끼는 점은 사뭇 다를 수 있다. 큰 틀에서는 내가 선택한 분야라고 하더라도 직접 내가 담당해야 하는 일은 성격이 다를 수도 있고, 여러 가지 측면에서 차이가 있을 수 있다. 또, 일과 관련해서 일어나게 되는 고민은 여러 가지 요인이 복합적일 수 있다. 상사와도 관련되고, 내 역량과도 관련되고, 일의 중요성과도 관련된다. 어떻게 대응하는 것이 좋을까? 일에 대해서는 포기하지 말고 끝까지 해 보기를 권한다. 어떤 일이든지 일의 근간은 큰 차이가 없다. 이 일에 대해서 자신이 없고 포기하는 경우, 다른 일도 유사할 가능성이 크기 때문이다. 용기와 파이팅이 필요하다.

그 외에도 여러 가지 이유로 인해서 조직을 떠나야 하는 것 아닌가 하는 고민을 하게 되고, 회의에 빠지게 된다. 하지만 이러한 고민들은 시간이 지나면서 변하기도 하고, 나의 의지와 상관없이 상황이 변하기도 하고, 또는 내가 변하면서 내용이 바뀌게 되는 경우가 허다하다. 이러한 고민을 대처하는 방법에 정답은 없지만 고민에 대해서 1단계, 2단계, 3단계를 정해 놓고 신중하게 판단하기를 권한다. 즉, 1단계의 내용은 이런 것이고, 대처 방법은 이런 것이다. 2단계의 내용은 이런 것이고, 대처 방법은 이런 것이다. 3단계의 내용은 이런 것이고, 대처 방법은 이런 것이다 하고 정해 놓는 것이다. 3단계 대처까지 했는데도 고민이 해결되지 않으면 조직을 떠나는 것으로 말이다. 조직을 떠나는 것은 신중한 판단과 결정이 필요하다는 것은 노파심일까?

제2장

조직 생활을
성과 있게 하는
목표와 역량

1
코이(Koi)의 법칙이 주는 목표

코이는 일본산 관상 잉어인데, 이 물고기의 특성에 의해서 '코이의 법칙'이라는 것이 생겨났다. '코이'는 어항에서 키우면 8㎝ 내외, 연못에서 키우면 25㎝ 내외, 큰 강에서 자라면 1m 내외로 자란다고 한다. 환경에 따라서 자라는 크기가 다르다니 놀라운 일이다. 이러한 '코이'를 예로 들어 인재가 환경, 의지에 따라 얼마나 성장할 수 있는가를 이야기할 때 인용되는 것이 '코이의 법칙'이다. 많은 공감을 불러일으키고, 많은 인용이 된다. 그러면 '코이의 법칙'에서 주체는 '코이'인가, 아니면 어항, 연못, 큰 강인가?

조선시대 '장영실'은 혼천의, 앙부일구, 자격루, 수표 등 수많은 발명품을 만든 훌륭한 과학자이다. 동래현의 관노 출신인 '장영실'이 조선시대 최고의 과학자가 되는 데에는 '세종'이 인재를 알아보고, '세종'의 파격적인 조치가 있었기에 가능했다. '세종'은 '장영실'에게 관노에서 벗어나는 정오품 상의원 별좌라는 관직을 내린 이후, 정사품 호군이라는 관직을 내

렸다. 관노에게 벼슬을 내리는 데에 대해 당연히 많은 논란이 있었지만, '장영실'의 재능과 업적을 인정하여 '세종'은 관직을 내리는 결단을 한 것이다.

모든 기업들은 인재를 찾고, 확보하고자 애쓴다. 그것이 당연한 생존과 성장을 위한 전략이다. CEO부터 우수한 인재를 확보하기 위해 적극적으로 나선다. 하지만 쉽지만은 않은 것이 현실이다. 다른 기업의 우수한 인재를 보고 우리에게는 왜 그런 인재가 없는가를 탓하기도 한다. '코이의 법칙'에서 주체가 '코이'인가, 어항인가, 연못인가, 큰 강인가 하는 문제와 똑같은 질문을 우리에게 준다. 그 기업에 인재가 없는 것인가, 아니면 인재를 받아들일 수 있는 기업의 크기가 작은 것인가 하는 문제이다. 그 기업의 크기는 어항인가, 연못인가, 큰 강인가?

인재를 확보하기 위한 기업의 크기를 이야기할 때 기업의 보수도 중요하지만, 보수와 더불어 기업의 문화가 창의적인가, 도전적인가 하는 것이 중요한 요소이다. 기업에 도전적이고, 창의적인 문화가 형성되어 있어야 인재들이 역량을 발휘할 수 있다. 다른 말로 표현하면 권한 이양(Empowerment)이 이루어져야 한다. 소위 말하기를 사원 같은 부장, 대리 같은 임원, 과장 같은 사장이 있는 조직에서 어떻게 인재들이 성장할 수 있겠는가? 사실 과장 같은 사장이 있는 조직은, 과장이 처리할 수 있는 일의 수준을 가지는 조직이라고 볼 수 있겠다.

기업이 구성원들에게 큰 강의 '코이'같이 큰 인재로 성장해 주길 요구하기 전에 그 기업이 큰 강인가, 큰 강이 되고 싶은가를 봐야 한다. 기업이 어항인가, 연못인가, 큰 강인가는 물리적인 규모로 정해지는 것이 아니다. 그 기업이 도전적이고, 창의적이며, 권한 이양(Empowerment)이 얼마나 잘되어 있느냐가 기업의 크기를 정하는 것이다. 오히려 대기업이 어항이 되고, 스타트업(Start Up)이 큰 강이 되는 경우를 종종 본다. 대기업이라는 짜인 틀 안에서 발군의 역량을 발휘하는 인재가 나올 기대는 크지 않다. 스타트업에서는 언제든지 발군의 역량을 발휘하는 세상을 바꾸는 인재들이 나타남을 종종 목격한다. 그 인재의 출발점은 대기업이나 스타트업이나 별 차이가 없다. 오히려 출발점에서는 대기업의 인재들이 스타트업의 인재들보다 훨씬 우수한 것이 사실이다. 이러한 현상은 공무원의 경우를 보면 더 극명하다. 정부에 들어가는 인재들은 어느 조직보다도 우수한 인재들이 들어간다. 정부에 들어간 인재들이 공무원이 되는 순간 공무원은 주어진 법률과 규칙에 따라 공무를 처리하는 것이지, 창의성과 도전, 권한 이양(Empowerment)을 필요로 하는 것이 아니기 때문에 이러한 환경에서 발군의 인재로 성장하기를 기대할 수는 없다. 기대하면 안 되는 것이다.

내가 원하든 원하지 않든 세계는 이제 경계가 없다. 무한 경쟁의 시대이다. 기업이든 개인이든 똑같은 상황이다. 4차 산업혁명이 진전되면서 이러한 현상은 더 빨라지고, 더 심해지고 있다. 안전한 어항 속에, 연못 속에 머물러서는 4차 산업혁명 시대에 경쟁력을 가질 수가 없다. 기업은 어항과 연못을 깨고 강물을 받아들여야 한다. 그래야 큰 물고기를 기를 수 있다. 개인은 큰 강물로 나가는 것을 두려워하면 안 된다. 나를 잡아먹

더 워크플레이스

고자 기다리는 악어가 있더라도 두려워해서는 안 된다. 그래야, 큰 물고기로 자랄 수 있다.

2
물이 차면 넘친다

옛날에 그릇이 있었다. 그 그릇은 물이 없으면 기울어지고, 물이 반쯤 차면 똑바로 서기 시작하고, 물이 가득 차면 엎어지는 그릇이다. 실제 어떻게 그런 그릇이 있겠는가? 그릇에 물이 가득 차면 그릇이 엎어진다는 것은 과욕을 경계하고자 하는 차원에서 만들어진 그릇인 것이다. 욕심을 부리면 그 자체를 그르치게 되니 이는 지금도 우리가 충분히 되새겨야 하는 금언임에 틀림이 없다. 우리는 지금도 물이 가득 차면 넘친다는 말을 종종 쓴다. 이때의 뜻은 과욕을 경계하는 뜻과는 또 다른 뜻으로, 일의 준비가 충분하면 자연히 그 일의 완성도가 높게 될 것이다 라는 뜻이나, 사람의 자질과 역량이 충분하면 그 자질과 역량이 자연스럽게 밖으로 드러난다는 뜻으로 쓰인다. 우리는 조직 생활을 하는 과정에서 과욕을 경계하는 의미로, 또 준비가 충분하다는 의미로, 물이 차면 넘치는 사례를 자주 접하게 된다. 과욕을 경계하는 차원에서는 조직이나 개인이 추진하는 일의 목표를 과다하게 설정하여 결국은 그 일 자체를 그르치는 경우다. 일의 목표가 제대로 설정되지 않고 욕심이 앞서 있다. 일을 추진

더 워크플레이스

함에 있어서 멈추어야 할 시기와 곳에서 멈추어야 하는데 그렇게 못하는 것이다. 멈출 수 있는 역량 또한 조직과 개인에게 있어서 중요한 역량인데, 이것이 욕심 때문에 발휘가 되지 않는다. 욕심 때문에 넘치는 그릇에 계속 물을 붓는 격이다.

　사람의 자질과 역량이 자연스럽게 드러난다는 차원에서 기업의 채용 과정을 예로 들어 보자. 기업에서 인재를 채용할 때 제일 우선하는 기준은 도덕성과 발전 가능성이다. 그 기업이 현재만을 생각하고 경영하는 기업이 아닐진대, 이 기준에서 벗어나는 채용 기준을 가지고 있는 기업은 없을 것이다. 도덕성은 공동의 가치를 실현해 나가는 데 있어서 가장 근본이 되는 가치이다. 그래서 기업이라는 공동체에서 같이 일하게 되는 구성원을 채용할 때, 도덕성은 당연히 우선해야 하는 채용 기준이 된다. 다음으로 중요한 채용 기준은 채용 대상자의 발전 가능성이다. 현재 맡기고자 하는 직무를 수행할 수 있는 역량을 갖추고 있다는 전제하에서 말이다. 현재 맡기고자 하는 직무를 수행할 수 있는 역량을 가지고 있지 않다면 채용 대상에 선발되지도 못했을 테니 말이다. 최근에는 기술의 발전, 일하는 방식의 변화, 리소스를 소싱하는 방식의 변화 등으로 기업들이 신입 사원보다는 경력 사원 채용을 선호하는 경향을 보이고 있지만, 어찌 됐든 기업은 채용되는 구성원들이 조직에서 일하며 역량을 발휘해 성과를 내고, 조직 내에서 계속 성장하기를 바란다. 이것이 조직을 성장시키는 길이기 때문에 채용 대상자의 성장 가능성을 채용 기준으로 삼는 것이 당연하다. 이러한 채용 기준을 가지고 기업들은 면접을 통해서 채용 대상자를 선별하는데, 면접 시 질문과 답변이 오고 가는 과정 속에 면접 대상자가 자격을 갖추었다면, 그릇에 물이 차면 넘치듯이 면접 대상자의 자격이 자연스레 나타나게 된다.

또 일정한 규모 이상의 조직은 아니, 모든 조직은 업무의 효율적 추진을 위하여 조직 체계를 가지게 된다. 그 안에 직급 체계가 있게 되고 직위도 있게 된다. 이것을 통하여 업무 수행을 효율적으로 관리(Management)하고, 이를 통해서 조직의 성과를 창출하게 한다. 이러한 조직에 속해 있는 구성원들은 일정한 역량을 인정받으면 현재 직급에서 다음 직급으로 이동하게 되는 승진을 한다. 승진의 의미는 현재보다 더 큰 범위(Span)의 일을 담당하게 되고, 더 많은 구성원을 이끌게 되는 것이 보통이다. 그렇기 때문에 승진은 사회적으로 인정받는 사회적 지위도 같이 획득하게 된다. 매슬로의 욕구 5단계설을 인용하지 않더라도 조직 구성원 개인들은 이 사회적 지위를 획득하기 위해 조직 내에서 열심히 성과를 내고자 노력한다. 자아를 실현해 나가는 과정으로 인식하는 것이다. 열심히 노력한 결과로 승진했을 때의 기쁨을 어찌 말로 다 표현할 수 있겠는가?

조직에서 누구나 승진을 할 수 있다면 얼마나 좋겠는가. 그런데, 조직이라는 특성상 승진할 수 있는 자리는 한정되어 있기 마련이다. 한정된 자원을 투입하여 최대의 이윤을 추구하는 것이 기업의 기본적인 작동 원리인 것을 이야기하지 않더라도, 어떤 조직이든 승진할 수 있는 기회는 위로 가면 갈수록 적기 마련이다. 그렇기 때문에 승진은 한정된 경우에 가능한 것이 보통이다. 자리가 한정되어 있다고 하더라도 조직에서 승진을 원치 않는 구성원은 없다. 누구나 다 승진을 희망한다. 그러나, 누구를 승진시킬 것인지를 결정하는 판단을 조직에서 할 때 그 판단은 구성원 각자의 희망과는 차이가 있을 수 있다. 누가 그 자리에 적합하고, 누가 더 조직을 잘 이끌 것인가를 보고 승진자를 결정하게 된다. 승진의 판단 기준 요소들은 승진 대상자의 업무 성과, 전문 지식, 커뮤니케이션 역량, 리더십, 로열티, 평판 등 여러 가지 복합적인 것들이 된다. 이 모든 요소들이 중요하지만 여러 측면에서 여건이 비슷하다고 한다면, 중요한 요소는 승진 대상자의 평판이다. 평판 조회만 전문으로 하는 회사가 있기도 하니 많은 조직에서 이를 중요한 평가 요소로 생각하는 것의 반증이다.

평판은 어떻게 형성되는가? 내가 노력한다고 해서 나의 평판이 잘 만들어질 가능성은 별로 없다. 최소 몇 년간 나의 일상적인 행동부터, 일에 대한 열정, 실력, 커뮤니케이션, 리더십 등 모든 것이 종합되어 형성되는 것이기 때문이다. 그래서 평판은 어느 누구에게 잘 보인다고 해서 잘 만들 수 있는 것이 아니다. 심지어는 내가 잘 모르는 사람도 나에 대해서 평을 할 수 있기 때문이다. 내 평판은 내가 평소에 꾸준히 쌓아 가고 있다. 하루아침에 만들 수 있는 것이 아니다. 승진 결과가 발표되면, 내가 승진이 안 되었을 때의 아쉬움은 무엇과 비교해도 크게 느껴진다. 내가 왜 승진이 안 됐을까? 이러한 성과가 있고, 그렇게 열심히 일했는데 하고 생각하면서 되새겨 본다. 그리고 그러한 점들을 조직에 다시 어필해 보기도 하지만 잘 받아들여지지는 않는다. 내가 생각하는 판단과 조직이 판단하는 기준이 나른 것이다.

그릇에 물이 차면 넘치는 것이 당연하고, 더 많은 물을 담기 위해서는 더 큰 그릇으로 옮겨야 함이 자명하다. 조직은 무엇보다도 그것을 잘 알고 있다. 내가 충분히 차면 당연히 조직에서 더 큰 그릇에 담으려고 하는 조치 즉, 승진을 시킬 것이다. 나의 그릇이 아직 차지 않았는데 내가 더 큰 그릇을 원한다면, 그것은 나도 힘들고 조직도 힘들게 하는 일이 된다.

3
꿈도 관리해야 한다

어렸을 때를 돌아보면 누구나 어렸을 때의 장래 희망은 자신의 꿈으로 만들어진다. 그리고 그 장래 희망은 성장하는 과정에서 삶에 많은 영향을 주게 되는데, 어렸을 때 갖게 되는 장래 희망도 시대가 변함에 따라서 영향을 받아 많이 변해 왔다. 지금의 베이비부머들이 어렸을 때 많이 가졌던 장래 희망은 지금 생각하면 황당할 수도 있겠으나 대통령이나 장군이었을 것이다. 그 시대의 상황이 반영되었다고 할 수 있다. 그 이후 산업화가 진행되고, 경제가 성장하게 되면서 과학자, 우주 비행사 등이 어린이의 장래 희망이 되기도 했고, 지금은 유튜버, 아이돌 멤버, 건물주 등이 어린이들의 장래 희망으로 손꼽히게 되었다. 이제는 대통령이나 장군을 꿈꾸는 어린이는 없다 하여도 틀리지 않을 만큼 시대가 변했다는 것을 보여 주는 것이니, 우리 사회는 짧은 기간에 사회적으로 크고 많은 변화가 있었다는 것을 새삼 깨닫게 된다.

어렸을 때 장래 희망을 가지고 있는 우리는 학교에서 공부를 마치고 사회에 진출하게 되면서, 또 조직 생활을 하게 되면서 개인 생활과 관련한 꿈과 조직 생활과 관련한 꿈을 새로이 가지게 된다. 물론 어렸을 때의 장래 희망을 잘 관리하여 그 꿈을 이루기 위해 계속 노력하는 경우도 있지만 말이다. 사회에 진출한 우리는 개인적으로 자신이 지향하는 가치를 어떻게 달성할 것인지를 생각하며 꿈을 가지게 된다. 개인의 가치에 따르는 그 꿈은 크기가 얼마나 크고 작으냐의 문제가 아니다. 사회 공동체 가치에 반하는 것이 아니라고 하면, 그 꿈은 개인의 가치에 따라서 정해지는 것이기 때문이다. 우리는 그 꿈을 이루기 위해서 부단히 노력하게 된다. 이게 보통 우리의 삶이라고 할 수 있다. 그리고 우리는 조직 생활을 하면서도 당연히 꿈을 가지게 된다. 조직 생활을 하면서 꿈이 없다고 하면 조직 생활에 동기 부여가 쉽지 않고, 조직 생활을 계속해 나가긴 실질적으로 어려울 것이다. 이렇듯 조직 생활을 하면서 우리가 갖는 꿈을 통해서 조직 구성원 각자는 물론 조직도 동기를 부여받고, 앞으로 나갈 수 있게 된다. 개인에게도, 조직에게도 힘의 원천이 되는 것이 꿈인 것이다.

조직도 당연히 이루고자 하는 꿈이 있어야 한다. 언제까지 달성하겠다는 목표도 그 조직을 유지하고 성장시키기 위해 중요하지만, 그 목표를 훨씬 뛰어넘는 꿈을 가지고 있어야 그 조직이 성장을 지속할 수 있는 원동력이 되고, 조직의 힘을 결집시킬 수 있게 된다. 이러한 꿈과 관련한 대표적인 예로 들 수 있는 것이 '일런 머스크'이다. 그는 우주 개발 꿈을 가지고 2002년에 '스페이스엑스'라는 회사를 창업하였다. 당시에 많은 사람들이 실현 여부에 의심을 가졌던 것이 사실이지만, '스페이스엑스'는 한 단계 한 단계씩 진척시켜 나가 2020년 5월 민간 최초의 유인 우주선을 발사하게 된다. 이것은 '스페이스엑스'가 꿈꾸는 우주 개발의 시작이라고 할 수 있다. 이와 같이 우리 기업들도 현재를 뛰어넘는 꿈을 가지고 있어야 한다. 그래야 그 꿈을 이루기 위한 도전을 할 수 있을 것이고, 꿈을 이루기 위한 도전을 통해 현재를 넘어서 다음 세대에도 기업이 계속 성장해 나갈 수 있는 원천이 되는 것이다.

개인도 당연히 꿈을 가지고 조직 생활을 시작하게 된다. 개인도 마찬가지로 언제까지 달성하겠다는 목표를 뛰어넘는 꿈을 가지고 있어야 한다. 이것은 조직 생활을 해 나가는 힘의 원천이 된다. 그렇기 때문에 조직 생활을 하는 누구나 꿈을 가지고 있고, 꿈이 뭐냐고 질문을 받았을 때 대부분 답을 할 수가 있다. 하지만, 그 꿈의 실현을 위해서 내가 어떻게 하고 있느냐를 곰곰이 따져 보면 꿈의 관리를 잘하고 있는 경우가 그렇지 않은 경우보다도 훨씬 적은 것이 사실이다. 농사를 지을 때 씨앗을 뿌려 놓고 정성을 안 들이면 수확을 기대하기 어렵다. 씨앗을 뿌린 후 적절한 시기에 비료도 뿌려 주고, 잡초도 제거해 주고, 가물었을 때 물도 뿌려 주고, 병충해 예방도 해 주어야 수확 시기에 수확을 할 수 있는 것이 자연의 이치 이듯이 우리가 가지고 있는 꿈도 비료도 뿌려 주고, 잡초도 제거하고, 물도 뿌려 주고, 병충도 예방하는 관리를 해 주어야 꿈을 이룰 수 있지 않겠는가?

우리가 가지고 있는 꿈을 보사. 우리가 처음 꿈을 가졌던 조직 생활 시기의 여건과 환경은 시간이 흐르면서 당연히 많은 변화가 일어나게 된다. 나의 여건과 환경이 변화하면서 꿈도 자연스럽게 변화가 일어나는 것이다. 하지만 그 변화가 내가 원하는 방향으로 일어날 가능성은 희박하다. 이러한 꿈의 변화와 조직 생활 환경 변화에 맞추어 내가 가지고 있는 꿈의 내용과 모습을 꾸준히 관리를 해야 꿈의 경로 이탈을 막을 수 있다. 한쪽으로 치우쳤으면 그 치우침을 바로잡고, 모자라는 부분이 있으면 채워 주고, 불필요한 부분은 없애 주는 관리를 꾸준하게 함으로써 말이다. 씨앗을 뿌려 놓고 그냥 놔 두면 수확을 기대하기 어렵듯이, 꿈도 가지고는 있으나 그 꿈을 그대로 놔두고 있다면, 씨앗을 뿌려 놓기만 하고 수확을 기대하는 일과 무엇이 다르다고 말할 수 있겠는가?

단지 내가 꾸는 꿈으로 그치는 것이 아니라 그 꿈을 이뤄 가기 위해 한 발 더 다가서는 방법은, 꿈을 꾸준히 관리하는 것이다.

더 워크플레이스

4
나의 아리아를 부르자

      많은 사람이 즐기는 대표적인 문화 활동 중에 하나가 오페라 감상이다. 오페라가 생겨난 지는 대략 400년 정도로, 그 역사가 그리 길지는 않다. 하지만 역사가 그리 길지는 않음에도 오페라 감상은 전 세계 모든 사람들이 즐기는 인기 있는 문화 활동으로 자리 잡고 있다. 이렇게 전 세계인이 즐기는 오페라는 이야기를 바탕으로 서곡, 간주곡, 아리아, 레치타티보, 중창, 합창으로 구성되는데, 남녀의 사랑을 주제로 하는 경우가 대부분이다.

  전 세계인의 꾸준한 사랑을 받는 대표적인 오페라 작곡가인 베르디, 푸치니, 바그너의 작품을 보자. 〈아이다〉는 이집트의 노예로 잡혀 온 에티오피아 공주 아이다와 이집트의 장군 라다메스의 사랑 이야기를 바탕으로 한다. 거기에 이집트 공주인 암네리스의 짝사랑이 더해진다. 〈나비 부인〉은 나가사키에 주둔한 미국 해군 대위 핀커턴과 현지 조초상의 사랑 이야기를 바탕으로 한다. 추후 뮤지컬 〈미스 사이공〉의 소재가 되기도 한다. 〈탄호이저〉는 바르트부르크 성의 기사인 탄호이저와 영주의 조카 딸인 엘리자베트와의 사랑 이야기를 노래한다. 이와 같이 많은 오페라가 남녀의 사랑 이야기를 바탕으로 한다. 지금 보면 이런 이야기 구성은 진부하기 짝이 없어 보인다. 이와 같은 내용의 영화나 드라마가 지금 제작된다고 하면 인기를 얻기 쉽지 않을 것이다. 하지만, 오페라들은 지금도 꾸준하게 인기를 끌면서 전 세계에서 성황리에 공연 중이다.

진부한 이야기가 어떻게 오페라로 전 세계인에게 꾸준한 사랑을 받을 수 있을까? 스케일이 큰 무대 장치, 많은 등장인물, 오케스트라의 반주 등이 오페라를 구성하는 요소들과 함께 오페라 인기를 유지하는 요인이라고 볼 수 있다. 이렇듯 많은 요소들이 작용을 하면서 오페라의 인기를 뒷받침하고 있지만 그 중에 으뜸은 〈아리아〉가 있기 때문이라고 생각한다. 남녀 주인공이 부르는 〈아리아〉는 그 노래 자체로도 인기가 많다. 〈청아한 아이다〉, 〈어떤 개인 날〉, 〈저녁 별의 노래〉 외에 〈축배의 노래〉, 〈공주는 잠 못 이루고〉, 〈노래에 살고 사랑에 살고〉 등 누구나 즐겨 듣는 유명한 〈아리아〉는 너무 많다.

우리의 조직 생활 일상은 진부한 이야기를 바탕으로 구성되는 오페라와 같다. 진부한 이야기를 바탕으로 하더라도 사람들에게 꾸준하게 인기를 구가하는 오페라가 있는 반면에 그렇지 못한 오페라도 있다. 똑같은 조직에서 일하면서도 성과가 남다른 사람이 있는 반면에 그렇지 못한 사람도 많다. 똑같은 조직에 몸담으면서 조직을 이끄는 사람이 있는 반면 조직에 짐이 되는 사람이 있다. 일류 기업에 근무하면서도 그 조직에 짐이 되는 사람은 있기 마련이다. 무슨 차이가 있을까? 나만의 '아리아'가 없기 때문이다. 나만의 '아리아'가 있어야 한다. 오페라를 감상하는 관객의 감동을 이끌고, 공감을 불러 마음에 울림을 주는 '아리아'가 있어야 한다. 무대 장치가 장엄하고 등장인물이 아무리 많아도, 오케스트라가 아무리 훌륭해도, '아리아'가 없다면 감동을 완성할 수가 없다. 조직에서 성실하고, 책임감 있고, 부여된 어려운 일을 해내는 근성이 있다고 하더라도, '김 아무개'라고 했을 때 바로 떠오르는 것이 없다면 나만의 '아리아'가 없는 것이다.

S/W 개발자가 S/W 코드를 보고 문제를 귀신같이 발견하는 능력, 누가 보더라도 한눈에 쏙 들어오는 보고서 작성 능력, 누구에게나 어떤 것도 설득할 수 있는 PT 능력, 타협과 협상, 조정을 잘하는 능력, 숫자를 보고 그 의미를 읽어 내는 탁월한 능력, 회식에서 사회를 잘 보는 능력 등 이런 것들이 조직 생활에서 나만의 '아리아'의 예가 될 것이다. 물론 선천적으로 타고나는 부분도 있다고 이야기할 수 있지만, 대부분은 내가 생각이 있다면 만들어 낼 수 있는 것들일 것이다.

모 방송국에서 방영하는 〈서민 갑부〉라는 프로그램에 출연하는 출연자들의 업종과 사업 규모는 천차만별이다. 하지만 모든 출연자가 가지고 있는 공통점이 있다. 바로 나만의 비법이 있는 것이다. 예를 들어, 세탁소를 하는 사람은 나만의 얼룩을 빼는 기술, 음식점을 하는 사람은 나만의 요리 재료·양념이 있고, 빵집을 하는 사람도 마찬가지로 나만의 반죽을 하는 기술을 가지고 있다. 무수한 시행착오, 끊임없는 도전을 통해서 터득한 비법이 있는 것이고, 누구에게나 감동을 이끌어 낼 수 있는 나만의 '아리아'를 만들어 낸 것이다.

조직 생활을 하는 우리도 마찬가지이다. 비법, 비결은 〈서민 갑부〉에 출연하는 사람들만이 가지는 것이 아니라, 조직 생활을 하는 우리도 프로로 불리는 만큼 나만의 비법, 비결을 가질 수 있고, 가져야 한다. 끊임없는 도전을 통해서 누구에게나 감동을 줄 수 있는 나의 '아리아'를 가지고, 나의 '아리아'를 부르자.

5
비 온 뒤 맑음

요즈음 세대에게는 낯설겠지만 소위 586세대라고 할 수 있는 50대 이상의 사람이라면 기억하는, 누구에게나 친근한 이미지를 주는 인물이 있다. 중앙관상대(현 기상청) 통보관으로 지낸 기상캐스터 김동완 씨이다. 매일 저녁 뉴스에 나와 지도에 고기압 선, 저기압 선, 태풍의 이동 경로, 찬 공기가 내려오는 경로, 비가 오는 곳, 눈이 오는 곳을 직접 그려 가면서 내일의 일기 예보를 알려 주던 분이다. 지금은 화려한 컴퓨터 그래픽과 인공위성 관측 사진으로 일기 예보가 대체되었지만 그때 그분의 한마디 한마디는 우리의 내일 모습을 책임지는 말들이었다. 오전에 맑을지, 비가 올지, 눈이 올지 등등의 예보에 따라 저녁마다 마음의 준비가 필요했다. 이런 일기 예보 설명이 어떤 경우는 예언같이 느껴지곤 했던 것도 사실이다. 많은 사람들에게 추억이 서려 있는 기억 일 것이다.

나는 일기 예보 중에 '비 온 뒤 맑음'을 제일 좋아했다. 아침에 비가 온 후에 오후에 맑게 개면 더할 나위 없이 좋았다. 아침에 일어나 비가 오고 있으면 피할 길이 없다. 우비를 준비하거나 우산을 준비하고, 신발도 비가 안 새는 걸로 신고 집을 나선다. 그러다 오후에 비가 개면 우비, 우산, 물 구덩이 등 귀찮은 것들이 필요 없어진다. 거추장스러운 것 없이 자유롭게 돌아다닐 수 있게 되는 것이다. 하지만 '맑음 뒤 비'는 싫었다. 아침에 집을 나설 때 비도 안 오는데 우산을 챙겨 가야 하나 하고 의심이 들기 시작한다. 비가 진짜 올까? 우산 들고 다니려면 귀찮은데, 우산을 잊어버릴 수도 있고 등등 갈등이 시작된다. 이때 대개는 어린 마음의 용기가 발동하여 우산 없이, 우비 없이 집을 나서는 경우가 대부분이었다. 그러면 영락없이 오후에 비를 쫄딱 맞는다. 비가 올 때 우산을 가지고 있는 애들을 보면 너무 부러웠고, 나도 우산을 가지고 나올 걸 하고 후회를 한다. 하지만 소용은 없다. 귀찮아서 아침에 우산을 챙기지 않았고, 이미 모두 지나간 일이기 때문이다.

조직 생활도 마찬가지이다. 내가 여유가 있을 때 준비해야 할 것들이 많이 있다. 인생으로 보면 젊었을 때 준비해야 할 것들이 있고, 1년으로 보면 연초에 준비해야 할 것들이 있고, 1달로 보면 월초에 준비해야 할 것들이 있고, 하루로 보면 아침에 준비해야 할 것들이 있다. 그러나 그렇지 못한 경우가 너무 많다. 하루의 일과 중에 아침 시간에는 느슨하게 있다가 제시간에 퇴근을 못 하는 경우, 연초에 세웠던 계획을 제대로 드라이브하지 못해 달성이 안 되고 1년이 지나가는 경우 등을 손쉽게 보고, 경험할 수 있다.

이것은 기업 차원에서도 동일하다. 기업 경영이 호황일 때 준비해야 할 일이 많다. 미래를 위한 투자를 해야 하고, 혁신을 위한 준비를 해야 하고, 인재를 지속적으로 확보해야 한다. 그렇지 않은 기업은 미래의 생존과 성장을 담보하기 어렵다. 한때 명성이 있던 기업이 한순간 어려움에 빠지고, 결국 사라지는 예를 우리 주변에서 쉽게 목격할 수 있다. 그러한 일들이 지금도 일어나고 있다. 기업 경영이 좋을 때 미래에 대한 대비를 해도 쉽지 않은데, 임박해서는 헤쳐 나갈 수가 없다.

비가 온 뒤에 땅이 굳는다는 말이 있다. 개인적인 차원에서는 어려움을 겪은 사람이 그렇지 않은 사람보다 다음 어려움을 헤쳐 나갈 수 있는 힘이 훨씬 세다는 것을 표현하는 말이다. 그렇기 때문에 우리는 그 어려움을 두려워하기보다는 극복해 나가야 하는 과정으로 보는 것이 필요하다. 어려움을 만났을 때 누구든지 내 어려움이 제일 크게 느껴지고, 푸는 것이 쉽지 않다고 느낀다. 하지만 내 주변에는 나보다 훨씬 더 큰 어려움에 처해 있는 사람들이 많다. 내 어려움은 헤쳐 나가지 못할 정도의 크기가 아니다. 내가 겪는 어려움을 일기 예보로 보면 비 온 뒤에는 당연히 맑음이 예상된다. 시간이 다소 길 수는 있을지라도 말이다. 이치가 이러하니 어려움을 과정으로 생각하지 못할 이유가 없다. 특히, 어려움이 지나간 뒤에는 자랑스럽게 영웅담으로 추억하면서 남들에게 공유할 수 있는 경우도 많다. 비 온 뒤엔 땅이 굳어서 다음에 내리는 비를 내 품에 가둘 수 있을 것이다. 내가 지금 겪고 있는 어려움의 과정이라고 생각하면서 어려움을 상대해 보자.

우리는 매일 일기 예보를 듣고, 본다. 이와 마찬가지로 우리 앞에 다가

오는 상황에 대하여 많은 이야기를 듣고, 보고, 느낀다. 또 그렇게 하기 위해 진지한 노력을 많이 한다. 비가 온다고 하는 일기 예보를 들으면 당연히 다음 날 우산을 준비해 집을 나선다. 조직의 변화를 주문받는 예보를 들으면 우리는 어떻게 할 것인가? 우리 조직에게는 맞지 않는 예보야, 그 예보가 설마 맞을까 하면서 외면하는가? 그리고 나 또한 조직 생활을 하면서 변화를 주문받는 예보를 듣게 된다. 상사에게 코칭을 받기도 하고, 동료를 보고 참고하기도 한다. 그럴 때 나는 어떻게 할 것인가? 내 계획을 모르면서 하는 말이야, 나의 능력을 폄하하는 말이야, 나하고 그 사람하고는 가는 길이 다르다고 하면서 외면하는가? '맑음 뒤 비' 일기 예보를 귀 기울여 들어야 한다. 무시하면 안 된다.

'비 온 뒤 맑음'은 진리이다. 또한, '맑음 뒤 비' 또한 진리임을 잊지 말고 목표를 향해서 나가자.

6
목표 달성은 작은 것으로부터(1)

2015년 인도에서 실화를 바탕으로 한 〈마운틴 맨(Mountain Man)〉이라는 영화가 개봉됐다. 인도 북동부의 가난한 마을의 '다스랏 만지'라는 청년의 이야기이다. '다스랏 만지'는 가난한 노동자 집안에 카스트도 하층민에 속하는 제일 낮은 계급이었다. 그는 조혼 관습에 따라 돼지 2마리, 술 30병을 지불하고 어린 신부 '파구니야'와 결혼을 한다. 결혼 후 그는 자기가 일하던 곳을 도망쳐 석탄 광산에서 7년간 일을 하다가 다시 고향으로 돌아와 신부를 찾아간다. 하지만 신부 아버지는 더 큰 돈을 요구하게 되고, 결국 '다스랏 만지'와 '파구니야'는 도망을 쳐서 결혼 생활을 시작한다. 결혼 생활은 행복했다. 그러나, '파구니야'가 둘째를 임신했을 때 물동이를 이고 산길을 걷다가 추락한다. 빨리 병원으로 옮겨야 하나 돌산이 가로막혀 돌아서 가야 했다. 오랜 시간이 걸려서 병원에 도착했지만 '파구니야'는 숨지고 뱃속의 아이만 겨우 살릴 수 있었다. 이에 충격을 받은 '다스랏 만지'는 돌산을 없애 길을 만들기로 작정한다. 망치와 끌 하나만을 가지고 시작한 일이다. 온 마을 사람들이 그를 미쳤다고 했지만

22년 동안 쉬지 않고 작업을 해 길을 완성한다. 이 길 덕택에 55㎞나 걸리던 길이 15㎞로 짧아져 병원에 빨리 갈 수 있고, 아이들은 학교도 다닐 수 있으며, 젊은이들은 직업 훈련을 받으러 다닐 수 있게 되었다.

돌산을 깎아 길을 내는 것을 어느 누구도 가능하다고 여기지 않았다. 모두들 불가능하고, 미친 짓이라고 했다. 하지만 '다스랏 만지'는 높이 9m, 폭 8m, 길이 110m의 길을 혼자서 망치와 끌만 가지고 만들어 냈다. 그야말로 현대판 우공이산(愚公移山)이라 할 수 있다. 우리도 살면서 어리석은 일이라고 생각되는 것들을 종종 목격한다. 어리석다고 생각되는 일들을 목격했을 때 대부분은 그대로 돌아서 버린다. 그 끝이 어떻게 되었는지는 잘 모른다. 확인해 보지 않았기 때문이다. 우리는 또 살면서 훌륭한 업적을 종종 목격한다. 그리고 그 훌륭한 업적에 감탄하고 놀라워한다. 그러나 우리는 그 시작이 어땠는지는 잘 모른다. 확인해 보지 않았기 때문이다. '다스랏 만지'가 만든 길을 보고서, 한 사람이 돌산을 깎아 이 길을 만들었다고 설명을 들으면 놀라워하고 감탄할 것이다. '어떻게 이렇게 높고 큰길을 혼자서 만들 수 있었지?' 하고 말이다. 길을 닦기 시작했을 때 미친 짓이라는 소리를 들었다는 사실은 없고 말이다.

모든 일에는 시작이 있고, 그 시작은 작은 것에서부터 출발한다. 세상에서 가장 높은 빌딩도 삽으로 땅을 파기 시작하는 것으로부터 지어진다. 달나라에 가는 일도 그랬고, 1차부터 4차 산업혁명까지의 발달도 그렇다. 컴퓨터 사례를 보면 컴퓨터는 숫자의 덧셈과 뺄셈을 하고자 하는 것에서부터 출발하여 현재 상상하기 어려울 정도의 인공 지능에까지 이르러 있다. 지금 내가 하고 있는 일도 그렇다. 내가 하는 일에는 시작이 있고, 그 시작은 작은 것에서부터 출발한다. 큰 성과를 기대한다고 해서 그 시작, 출발이 크지는 않다. 당연히 시작, 출발은 작은 것이다.

일에 있어서 큰 성과를 기대하는 것, 큰 성과를 만들어 내는 것은 시작, 출발에 비례하는 것이 아니라 집념의 크기에 비례한다. 일을 진행해 나감에 있어서 어려움이 닥쳐 일의 진행을 포기한다면 어떻게 성과를 볼 수 있겠는가? 성과 자체를 만들어 낼 수가 없기 때문이다. 끝까지 그 일을 포기하지 않고 추진하는 집념이 일의 성과를 만드는 핵심 요소라 할 것이다.

조금만 어려운 일이 주어지면 쪼르르 달려와서 '이거는 원래 안 되는 건데요', '이걸 하기 위해서는 인력과 예산이 더 필요한데요', '이거는 우리 상황에서 가능한 일이 아닌데요' 하고 일이 안 되는 여러 가지 이유를 대는 사람이 있다. 반면에 어려운 일이 주어지면 일의 수행에 필요한 질문을 하고 나서 끝까지 파고 들어 해내는 사람이 있다. 두 사람의 능력 차이는 크지 않다. 일이 어려운 이유를 대는 사람의 능력이 우수할 수도 있다. 안 해 봐도 이미 어느 정도 일의 결과가 예측된다고 생각하기 때문이다. 이런 두 사람의 차이는 '집념'이다. 결국 '집념'의 차이가 성과의 차이를 만들어 내는 것이다.

인류의 모든 위대한 업적은 작은 것에서 출발하여 집념으로 이루어 낸 것이다. 나의 업적, 목표 달성도 작은 것에서 출발하고 집념이 더해질 때 위대해질 수 있다.

7
목표 달성은 작은 것으로부터(2)

'천 리 길도 한 걸음부터', '우공이산', '호미로 막을 것을 가래로 막는다', '티끌 모아 태산'. 이는 모두 작은 것이 얼마나 중요한가를 우리에게 깨우쳐 주는 격언인데, 우리가 살아가면서 종종 후회하거나 뉘우치게 되는 일들은 이 작은 것을 중요하게 여기지 않아서 비롯된 것들이 대부분이다. 돌이켜 보면 목표를 향해 가는 과정에서도 그렇고, 관계를 만들고 유지하는 데에도 그렇다. 자신의 건강을 지키는 일은 물론이고, 재산을 모으고 지키는 일도 작은 것으로부터 시작된다.

《노자 도덕경》 63장에 이런 구절이 나온다. "천하난사(天下難事) 필작어이(必作於易), 천하대사(天下大事) 필작어세(必作於細)." 천하의 어려운 일이라도 반드시 쉬운 일에서 생겨나고, 천하의 큰 일도 반드시 세세함에서 비롯된다는 뜻이다. 인류 발전에 크게 기여한 사건도 작고 우연한 일로부터 시작된 것들이 많다. 아이작 뉴턴(Isaac Newton, 1642~1727)이 사과가 떨어지는 것을 보고 만유인력을 발견했다는 유명한 일화로부터, 포도상 구균을 배양하다 생긴 실수로 플레밍(Alexander Fleming, 1881~1955)이 페니실린을 발견해 인류 질병 치료에 획기적 전기를 마련한 것, 실생활에 유용하게 쓰이는 포스트잇 발명 등 얼마나 많은 사례가 우리 생활에 스며들어 있는가? 옛 성현의 말씀이나, 우리 생활 속에 스며 있는 사례를 통해 배우는 '세상의 모든 일은 작은 것으로부터 시작된다'는 가르침은 동서고금을 막론하고, 우리가 다시 한번 잘 새겨야 하는 진리인 것이다.

우리는 어렸을 때부터 꿈을 크게 가져야 한다고 교육을 받으며 자란다. 그것은 꿈을 크게 가져야 그 꿈이 백 프로 달성되지 않더라도 어느 정도의 크기를 확보할 수 있다는 논리에 따른 것인데, 당연히 맞는 말이다. 꿈을 처음부터 작게 갖는다고 하면, 그 꿈을 이루더라도 그 크기가 작기 때문일 것이다. 그렇기 때문에 조직에서는 경영 목표를 세울 때 대부분 BHAG(Big Hairy Audacious Goal) 목표를 세우고, 이를 달성하려고 도전한다. 그래야 BHAG으로 수립한 목표를 달성하지 못하더라도 일정한 수준 이상은 할 것이기 때문이다. 이렇듯 꿈과 목표를 크게 갖는 것은 멀리 가고, 높이 갈 수 있는 시작이기 때문에 우리 삶의 의미를 부여하는 차원에서, 또 조직의 나아갈 방향을 제시해 주는 차원에서 중요한 의미를 갖는다.

하지만 그 꿈을 어떻게 시작하여 실현해 나갈지에 대해 배울 기회는 많지 않은 것이 현실이다. 도전적인 의식이 형성될 시기에 우리는 학교에서 대학 입시를 위한 수능 준비를 하는 데 대부분의 시간을 할애해야 한다. 이 수능을 준비하기 위해서는 같은 반 학생들끼리 경쟁에서 밀려나지 않아야 하는데, 그러기 위해서 같은 반 학생들끼리 서로 견제할 수밖에 없는 상황이 된다. 수능에서 한 문제를 틀리는 것은 수능 등급에 상당한 영향을 미치는 중요한 일이기 때문에, 이러한 실수를 방지하기 위해 같은 문제를 확인하고 또 확인하는 것을 반복한다. 이는 학교 수업에서뿐만 아니라 학교 수입이 끝나더라도 계속 이어진다. 이러한 과정을 겪으면서 성장하게 되는 우리는 세상을 넓게 보고, 크게 보는 것에 상당한 제한을 받을 수밖에 없게 된다. 학교를 졸업해서도 어떻게 꿈을 크게 가질 수 있고, 어떻게 그것을 시작하여 실현해 나갈 수 있을지에 대해서 가르침을 접할 기회는 별로 없다. 우리는 보통 이러한 상태로 사회에 진출하게 되고, 조직 생활을 시작하게 된다.

우리는 어찌 됐든 꿈을 가지고 사회로 진출한다. 그 꿈이 작든 크든 말이다. 그 꿈을 어떻게 시작하고 실현해 나가야 하나? 그 답은 '작은 것으로부터 시작된다'이다. 꿈을 가지는 것만이 아니라, 꿈을 실현해 나가는 것이 무엇보다도 중요하고, 의미가 있는 일이라는 것은 두말할 필요가 없을 것이다. 조직 생활을 시작하면서 갖게 되는 조직에서의 꿈은 각자가 다를 것이다. 누구는 CEO를 꿈꾸고, 누구는 창업, 글로벌 인재 성장, 전문가로 성장하기를 꿈꿀 것이다. 그런데, 이 꿈을 실현했느냐, 실현하지 못했느냐가 우리의 조직 생활을 평가하는 것은 아니다. 꿈을 실현하기 위해서 무엇을, 어떻게 실천했는가가 우리의 조직 생활을 평가하는 것이다. 꿈의 실현을 위해 실천하는 첫 단계는 내가 세운 꿈, 목표가 요구하는 자격 요건이 무엇인지를 결정하고, 그것을 달성하기 위한 과정을 체계화하는 것이다. 어떤 것은 달성하기 위한 전제 조건이 있을 것이고, 어떤 것은 어느 시기에 달성하느냐가 중요할 것이다. 이러한 것들을 체계화하고, 하나씩 하나씩 달성해 나가는 것이다. 하루아침에 이루어지는 것은 없다. 작은 것을 준비하지 않고 큰 것을 바라서는 안 된다. 그것을 바라는 것은 허망한 일이고, 그러한 꿈은 차라리 없는 것이 나을 것이다.

세계 최고봉인 8,848m의 에베레스트를 등정하는 일도 한 발자국을 딛는 일부터 시작된다. 도전 의식이 형성되는 시기에 수능 준비로 꿈을 어떻게 만들고 어떻게 실현해 나갈지에 대한 준비가 부족했다 하더라도, 꿈을 만들고 실현해 나가는 일이 작은 것에서부터 시작된다는 것만 알면 지금도 늦지 않다. '인생에서 너무 늦은 때란 없습니다'라는 말이 있듯이, 꿈을 향한 도전을 하기에 늦은 때란 없는 법이다. 작은 것으로부터 시작하면 된다.

8
아침을 활용하자

현생 인류의 조상으로 여겨지는 오스트랄로피테쿠스는 약 300만 년 전에 진화가 완성된 것으로 추정된다. 인류의 역사가 300만 년 정도 되었음을 의미하는 것이다. 이 300만 년 동안 인류는 대부분을 수렵과 채취를 통해서 생존해 왔다. 그러한 인류가 정착을 시작한 것은 불과 1만 5천 년에서 1만 년 전인 신석기 시대부터이다. 정착을 시작한 인류는 진화를 거듭하면서 문명을 만들어 내게 된다. B.C 7,000년에서 B.C 6,000년 사이에 티그리스강과 유프라테스강을 중심으로 발상한 메소포타미아 문명은 인류가 정착을 시작하면서 만들어 낸 인류 최초의 문명이라고 평가한다. 이렇듯 문명은 강을 중심으로 비옥한 땅에서 발상하게 되는데, 나일강을 중심으로 한 이집트 문명, 인더스강을 중심으로 한 인더스 문명, 황하강을 중심으로 한 황하 문명을 세계 4대 고대 문명으로 본다.

문명을 거듭 발전시켜 온 인간은 1차 산업혁명을 통하여 획기적인 물질적 풍요의 시대를 맞이한다. 이후, 2차 산업혁명, 3차 산업혁명, 4차 산업혁명을 거치면서 짧은 시기에 과거와 비교할 수 없을 정도의 큰 변화를 일으키고 있다. 1차 산업혁명의 시작으로 보는 18세기 중엽(1760년)부터 260년 지난 현재 우리는 불과 50년 전의 삶을 상상하기 어려울 정도로 큰 변화를 만들어 내고 있다. 인류가 시작된 이래 300만 년, 도구를 사용하기 시작한 이후 1만 5천 년, 문명을 발상시킨 9천 년으로부터의 변화가, 개인용 컴퓨터가 보급되기 시작한 과거 50년의 변화를 넘어서지 못한다. 또, 개인용 컴퓨터가 보급되기 시작한 과거 50년의 변화가 스마트폰이 보급된 이후 10년의 변화를 넘어서지 못하는 시대에 우리는 살고 있다.

요즈음 우리 주변에서는 반려견을 키우는 사람들을 쉽게 접할 수 있다. 반려견의 종류도 너무 많고 다양하다. 도시에서 키우는 경우가 대부분이기 때문에 실내에서 키우게 된다. 그래서 반려견들도 상당한 부분에서는 실내라는 환경에 적응하며 살아가게 된다. 하지만 본래의 특성은 없어지지 않는다. 목양을 하던 개, 사냥을 하던 개, 썰매를 끌던 개를 키울 때는 그 개의 특성을 이해하고 환경을 만들어 줘야 키울 수 있다. 이러한 환경을 만들어 주지 않고 반려견을 키울 때 발생하는 사고를 보는 것은 안타까운 일이고, 자격이 없는 일이라고 생각된다. 이렇듯 어떤 것도 본래의 특성은 환경이 주어진다고 하더라도 쉽게 바뀌지 않는다. 특히, 유전적인 특성의 변화는 예측할 수 없는 많은 시간이 소요되지만, 결국 본질은 바뀌지 않는다.

이러한 것은 인간도 마찬가지라고 생각된다. 자연을 극복하는 과정을 인간은 문명으로 만들어 내고, 그것을 통해서 다른 종(種)과는 다른 삶을 영위해 나가고 있지만 자연을 벗어나서 살 수는 없는 것이다. 인간에게 주어지는 자연의 환경을 극명하게 느끼는 것이 우리가 매일 맞이하는 '아침'이다. 인간은 수렵, 채취의 시대를 지나, 농사를 짓기 시작하면서 정착을 하였다. 농사를 짓는 것의 기본은 아침에 해가 뜨면 일어나서 일하고, 해가 지면 잠을 자면서 휴식을 취하는 것이다. 산업혁명이 시작된 이래 260년간 인간의 삶은 일출, 일몰보다는 노동의 집약을 통한 생산성을 높이기 위해서, 인간 스스로 만든 규칙에 의거하여 생활하는 방식을 유지하고 있다. 하지만, 인간의 기본 특성인 해가 뜨면 일어나고, 해가 지면 휴식을 취하는 것은 바뀌지 않는다. 대표적인 예가 밤에 일하는 경우가 낮에 일하는 것보다 몇 배 어렵다는 것이다. 또, 시차를 극복하는 가장 좋은 방법은 햇볕을 맞으며 운동하는 것이다 라는 것을 보면 쉽게 이해할 수 있다.

언택트(Untact), 재택근무, 유연 근무제(Flexible Time), 유비쿼터스(Ubiquitous), 클라우드(Cloud) 등 우리 삶의 다양성을 가져오는 요소들이 너무 많다. 이러한 환경에서 우리는 조직 생활을 관통하는 코어(Core)를 잘 유지해야만 하고, 유지하는 것이 필요하다. 코어를 잘 유지하지 못할 때 건강도 해치고, 성과를 내기도 쉽지가 않다. 남자들의 경우 군대에 있을 때가 가장 건강했던 시기였을 것이다. 물론 젊은 시기이기 때문이기도 하지만 기상 시간, 식사 시간, 활동 시간, 취침 시간이 일정하여 내 신체를 관리하는 코어가 잘 유지되었기 때문이다. 또한, 성과를 창출하는 데 있어서도 성공한 사람들의 사례를 보면 그 나름의 원칙을 세우고, 원칙을 철저히 지키는 것이 기본인 것을 알 수 있다. 코어를 잘 유지하는 것이다. 코어를 잘 유지하는 방법 중에 대표적인 것이 '아침'을 잘 준비하고, 활용하는 것이다. 옛날이나 지금이나 아침을 어떻게 시작하느냐가 그날 하루를 좌우하게 된다. 하루를 시작하기 위한 준비가 충분히 되어야만 그날의 성과를 볼 수 있을 것이다. 우리가 운동을 시작하기 전에는 반드시 준비 운동을 한다. 준비 운동을 하지 않으면 몸이 다치거나, 문제가 발생하게 된다. 하루 일과의 시작도 마찬가지이다. 하루 일과의 준비가 없다고 하면 그날을 어떻게 의미 있게 보낼 수 있을까? 하루 일과를 시작하는 데 있어서 준비는 '아침'이다.

조직에서의 역할에 따라 다양한 환경에서 우리는 일하게 된다. 또한, 다양한 방식으로 다양한 성과를 내게 된다. 각자의 삶이 다르다. 하지만 이러한 다양한 조직 생활을 관통하는 코어는 동서고금을 통해서도 변하지 않는 것이라고 생각한다. '아침'을 어떻게 준비하고 활용하느냐가, 나를 어떠한 폭풍우에도 흔들리지 않는 의미 있는 존재로 만들고, 조직 생활을 관통하는 코어를 만드는 가장 효과적인 방법인 것이다.

9
나를 의심하지 말자
(Don't question yourself)

우리는 누구나 살면서 많은 좌절을 만나게 된다. 그때 좌절을 어떻게 받아들이고, 어떻게 이겨 내느냐가 조직 생활을 하는, 사회생활을 하는, 인생을 살아가는 우리에게 중요한 문제이다. 과거에 내가 결정한 일이 나의 미래를 결정하듯이 좌절을 어떻게 극복하느냐가 나의 미래를 결정한다.

어느 날 모든 것에 자신감이 없어진다. 특히 일 처리를 해 나감에 있어서 자신감이 없다. 옆에 동료는 멋있게 자기가 맡은 일을 처리해 나가는데, 나는 매번 상사에게 질책을 받는다. '이거 하나 제대로 처리하지 못하나?', '여태까지 뭘 보고 배운 거야? 앞으로 어떻게 믿고 일을 맡기겠나'라는 말을 들을 때 세상에 모든 일이 나에게는 벅차게 느껴진다. 내가 할 수 있을 것 같은 일이 별로 없어 보여서 내가 그동안 뭘 했지 하는 자괴감이 든다.

이러한 것은 업무 처리와 관련한 것뿐만 아니라 조직에서의 동료, 후배, 상사와의 관계에도 영향을 준다. 친구와의 관계에도 영향을 줄 뿐 아니라 가족과의 관계에서도 영향을 미치게 된다. 다들 나에 대해서 수군거리는 것 같다. 예전에는 별로 신경 쓰지 않던 말도 이제는 나에게 치명적으로 다가온다. 친구와의 만남도 그리 기대가 되지 않는다. 친구들도 나를 그렇게 반가워하지 않는 듯하니 오히려 피하고 싶고, 약속에 다른 일을 핑계로 나가지 않는다. 가족들도 나를 별로 인정하는 것 같지가 않다. 왜 이렇게 됐을까 하고 깊게 고민해 보면 이 모든 게 내가 부족해서 그런 것 같다. 내가 능력이 없어서 그런 것 같다. 내 옆자리에 있는 입사 동기는 고과도 잘 받고, 상사에게 인정도 받고 잘 나가는데 나는 그렇지 못하다. 친구들은 다 그들 나름대로의 성과를 하나씩 하나씩 쌓아 가고 있는데, 나는 별로 이룬 게 없고 앞으로도 별로 가능성이 없어 보인다. 나는 인생의 길을 잘못 들어섰나? 어떻게 해야 되지? 어디에 물어볼 곳도 마땅치 않다. 물어보는 게 창피하다.

독일 철학자 막스 쉘러(Max Scheler, 1874~1928)는 인간을 식물, 동물과는 다르게 환경으로부터 벗어날 수 있는 존재 즉, 세계 개방성이 있는 존재로 정의했다. 우리에게 좌절감이 찾아왔을 때 나를 의심하면서 계속 나에게 질문을 하면 그 좌절감이란 환경으로부터 벗어날 수가 없다. Don't question yourself. 자신을 의심하면 안 된다.

일을 하면서 나도 모르게 나 자신에 대한 확신이 없어지고 이게 잘하고 있는 건가 하는 불안감이 있을 때, 우선은 한 발자국 뒤로 물러서서 객관적인 입장으로 검토(Review)를 해 보아야 한다. 먼저, 내가 했던 일 중에서 실패했거나 잘 처리되지 못했던 일 3가지를 선정해 보자. 일의 제목, 개요, 목표, 납기, 추진 내용, 추진에 필요한 사항, 이해관계자(협조자), 기대 효과 등 항목을 정하고 각 항목에 대하여 솔직하게 채우는 작업을 하는 것이다. 실패한 일 3가지를 한 표(Chart)로 작성해 보면, 거기서 공통점을 찾아낼 수 있다. 그것이 나의 실패 요인이 되는 것이다. 그 일을 추진하기 위한 필요조건을 잘 갖추지 못했었는지, 이해관계자의 협조를 잘 이끌어 내지 못했는지, 일의 목표에 대한 이해가 부족했는지, 실력이 부족했는지 등등의 원인을 알 수 있을 것이다. 내가 무엇이 부족했었는지를 알 수 있다는 것은 다음에는 그와 같은 실수를 범할 가능성을 대폭 줄일 수 있다는 것이다. 즉, 성공 확률을 높이는 것이다. KSF(Key Success Factor)를 찾아내는 것도 중요하지만, KFF(Key Failure Factor)를 찾아내는 것이 중요하다. 이것이 좌절과 당당하게 맞서 극복해 나가는 길이고, 자신감을 찾고 유지하는 길이다.

나에 대해서 말들이 많은 것 같다. 친구를 포함해 나를 대하는 모습이 나를 위축되게 한다. 원래 사람들은 남의 이야기하기를 좋아한다. 나도 그랬지 않은가? 그 얘기엔 그렇게 귀담아 둘 만한 내용은 없다. 말하는 그 사람조차도 그 말을 크게 마음에 담아 두지 않는 경우가 대부분이기도 하다. 이것은 내 마음속의 계곡이 깊으면 깊을수록 그 얘기의 메아리가 크고 오래가는 것이다. 내 마음에 따라 메아리가 있을 수도 있고, 없을 수도 있다. 내가 사회 구성원으로서, 조직 구성원으로서 도덕적인 문제가 없다면, 무엇을 그렇게 염두에 두고 고민할 것인가? 너무 걱정, 염려할 필요가 없다. 우리는 의도된, 다분히 과장된 자신감 표현으로 우리의 자신감을 제자리로 돌려놓을 수 있을 것이다. '웃음 치료사'라는 직업이 있다. 심리적으로 불안하고 슬플 때, 몸이 아플 때 의도적으로 박수를 치면서 웃으면 그것으로 인해서 불안과 슬픈 감정에서 벗어날 수 있고, 몸이 아픈 것을 치료하는 데도 상당한 도움을 받는다. 외부로부터의 의도된 환경이 오히려 나를 움직인다. 자신감도 이와 마찬가지이다.

인간은 미완성으로 태어난 작품이다. 살아가면서 더하기도 하고, 빼기도 하고, 배우기도 하고, 잊어버리기도 하면서 완성되어 가는 작품이다. 내가 보기에 잘하는 그 사람도 부족함 투성이다. 다만, 보완하려고 하는 노력이 있을 것이다. 나에게도 다만 그것이 필요할 뿐이다. 내가 목표를 달성해 나가는 과정에서 생기는 좌절을 극복하기 위한 자신감을 유지하는 것은 나 자신을 의심하지 않고 확신하는 것이다. Don't question yourself.

10
세계는 좁다

'세계는 넓고 할 일은 많다'라는 말로 우리에게 도전과 용기를 불러일으킨 분이 있었다. 그분의 말로와 상관없이 실제 우리가 도전해야 할 세계는 넓고 컸으며, 도전을 통해서 경이로운 성과를 거뒀고, 거두고 있다. 1990년대만 하더라도 특별한 기회가 있어서 해외여행을 갔을 때, 현지에서 우리나라가 만든 자동차가 지나가는 것을 보면 얼마나 뿌듯하고 애국심이 솟았던가? 공항에서 입국 수속을 하며 우리나라 기업 제품들의 광고가 붙어 있는 카트를 보면 또 얼마나 기분이 좋았던가? 카트가 오랜 친구인양 자연스레 미소가 지어지고 그랬다. 지금은 어디를 가나 TV는 한국 제품이고, K-POP이 세계의 중심에 있고, 세계 스포츠 무대 중심에서 한국 선수들을 자연스럽게 볼 수 있다. 이제 세계 문명의 변두리에 존재하는 것이 아니라, 세계 문명의 Changer로서 역할을 할 정도로 우리나라가 발전, 역할을 하고 있다. 우리 선배들이 도전을 통해서 이룬 성과를 바탕으로 지금도 끊임없이 세계를 향해 두려움 없이 도전하고 있는 우리들의 자랑스러운 성과이다.

지금 하루를 열심히 살아가고 있는 우리에게 세계는 어떻게 다가오고 있는가? 국내의 여러 이슈들이 끊임없이 생산되면서 매 순간 우리의 판단과 결정을 강요한다. 정책, 환율, 유가, 루머 등 모든 이슈가 나한테 영향을 미친다. 이러한 영향은 산속에 들어가 자연인으로 살아도 피하기 어려운 것이 현실이다. 또한, Real Time이라는 것이 컴퓨터 용어로서만 존재하는 것이 아니라 우리 삶의 용어가 되었다. 전 세계의 이슈가 우리 삶에 영향을 주고 있다. 예를 들어 뉴욕 증시의 오르내림이, 브라질 중앙은행의 회사채 매입이, EU의 브렉시트 이슈가, 중국의 경제 성장률 지표 둔화가 우리의 삶, 나의 삶에 직접 영향을 미치는 것이 현재이다. 세계는 좁다, 너무도 좁다. 모든 것이 나와 관련되어 있는 것이다.

　점점 더 좁아지고 있는 세계와 Real Time으로 연결되어 있는 우리는 어떤 자세를 견지하고 도전해야 하는가? 하루하루를 충실히 살아가고 있는 나의 세계 또한 좁다. 아침에 일어나 뉴스나 음악을 들으면서 간단한 식사를 하고 출근 준비를 한다. 출근해서는 메일을 체크하고, 그날 할 일을 체크하고, 중간중간 회의에 참석한다. 외근도 있지만 일상은 비슷하다. 퇴근을 하게 되면 운동을 하거나, 간단히 동료들과 저녁 식사 자리를 가질 수도 있고, 소주를 한잔 할 수도 있다. 퇴근해서는 가족과는 상대적으로 많은 대화나 시간을 갖지 못하고 피곤해서 잠자리를 청하게 된다. 차이는 있겠지만 보통 우리 일상은 이와 크게 다르지 않을 것이다. 우리의 일상에서 세계의 이슈를 눈여겨보거나 관심을 가지고 공부하는 시간의 투자가 부족하다. 일상의 세계는 너무 좁다. 정책을 결정하는 사람들, 회사의 기획 관련 부서의 사람들, 경제 전문가, 시사 전문가들이 눈여겨보고 대책을 마련하겠지 하는 '미룸'으로 위안을 삼는다. 대부분 당연하고 자연스럽고 사회 전체의 분업 시스템으로 보면 가능한 이야기이지만 말이다.

'지혜는 지식으로부터 나온다', '이종 간의 융합으로부터 창조', '혁신의 90%는 현재를 기반으로 나온다'는 이야기를 굳이 안 하더라도 세계의 이슈가 나에게 직접 영향을 주는데 어찌 피할 수 있을까? 세계의 이슈가 나의 도전과 성장에 영향을 미치는데 어찌 피할 수 있겠는가? 세계 정치에 대해서, 경제에 대해서, 문화에 대해서 전문가 수준이 될 필요는 없다. 나의 이슈로 어떤 것이 다가오는지를 알 수 있는 것이 중요하다. 실제 이슈에 대해서는 전문가들과 함께 대응할 수 있기 때문이다. Outsourcing이 중요한 경영 전략인 것과 마찬가지로 기업이든 개인이든 외부의 Resource를 활용해서 이슈에 대응이 가능하다. 하지만, 어떤 이슈가 일어나고 다가오고 있는지는 내가 알아야 준비와 대응이 가능하지 않겠는가? 세계의 이슈를 나의 이슈로 만들어 나의 도전과 성장의 요소로 활용하기 위해 어떤 일이 일어나고 있는지, 어떤 일이 일어날지를 알아야 한다.

세계는 좁다. 돌아서서 피할 곳이 없다. 나를 준비시키는 것만이 필요하다.

11
시류(時流)에 따라 살자

시류(時流)는 그 시대의 풍조나 경향을 나타내는 단어이지만, '시류에 따라 산다', '시류에 편승하다'라고 말할 때 우리는 부정적인 뉘앙스를 갖는 게 사실이다. 자기의 주관과 기준 없이, 남을 따라서 행동하거나 사고하는 것을 빗대서 표현할 때 많이 쓰기 때문이다. 흔들리는 갈대와 같이 이리 휘둘리고 저리 휘둘리는 모습을 표현할 때도 쓰이고는 한다. 그런데 시류에 따라서 사는 것을 어찌 부정적인 측면에서 바라볼 수 있겠는가? 시류에 따라 살지 않으면 기업은 생존하기가 어렵고, 개인은 경쟁력을 갖추기 어려운 것이 현재와 미래를 살아가는 우리의 모습인데 말이다.

기업이 시류(時流)에 따른 경영을 하지 않으면 경쟁에서 어떻게 살아남을 수 있는가? 시류는 Mega Trend와 Micro Trend로 나누어 볼 수 있다. Mega Trend라 함은 그 시대를 관통하는 커다란 흐름을 나타내는 것으로 그 시대에 모든 분야에 영향을 미치게 된다. 현재는 4차 산업혁명이라는

Mega Trend가 있다. 우리 모두 주지하듯이 4차 산업혁명을 준비하지 않는 기업이 미래에 어떻게 생존할 수 있겠는가? 그리고 Micro Trend라 함은 분야별로 나타나는 Trend로서, 제품을 기획할 때 10대, 20대, 30대 등 세대별로 구분해 특화를 시킨다고 하면, 각 세대별의 Micro Trend를 파악하고 이것을 반영하는 것이다. 당연히 기업은 Mega Trend와 Micro Trend를 파악해야 하고, 대응 전략을 수립하며 전략을 실행해 나가야 한다.

과거에는 1등 기업이었으나 시장 환경이 변화함에 따라 더 이상 1등 기업이 아닌, 아니, 더 이상 이름을 찾아볼 수 없는 기업들이 부지기수이다. 이를 기업 수명이라고 하는데, 보통 30년을 기업 수명으로 본다. 그렇기 때문에 100년 기업을 만나게 될 때면 당연히 존경이 앞서게 된다. 환경 변화를 극복해서 생존하고, 성장하기 위해서 얼마나 많은 각고의 노력이 있었는지를 상상할 수 있기 때문이다. 사라진 기업들도 나름의 최선을 다했음에 틀림없으나, Trend를 잘못 읽었거나 대응이 잘못되었을 것이다. 그러한 측면에서 우리나라 대표적인 IT 기업의 Smart Phone 사업을 보면 상당한 걱정이 있는 것도 사실이다. Smart Phone 사업은 우리나라 경제의 대표적인 Cash Cow 역할을 할 뿐 아니라, 우리나라 다양한 분야의 미래 준비에 큰 영향을 미치기 때문이다.

Smart Phone 사업은 1996년 CMDA 기술의 세계 최초 상용화로 시작된 이동 통신 시스템과 초기 휴대폰(Feature Phone) 사업을 근간으로 하는데, 2005년 휴대폰(Feature Phone) 1억 대 판매를 기점으로 Global Major로 진입하게 된다. 그 이후, 글로벌 휴대폰 사업은 2007년 애플이 iPhone

을 발표하면서 급격히 기존의 Feature Phone에서 Smart Phone으로 넘어가게 된다. 이에 대한 준비가 이루어지지 못했던 Global No 1, 2 휴대폰 업체 즉, Nokia와 Motorola는 더 이상 우리 곁에 없다. 준비와 대응이 늦었기 때문이다. 지금 Global Major 업체들의 Global Major로 진입하는 과정, Feature Phone에서 Smart Phone으로 전환하는 과정에서 얼마나 많은 노력이 있었는지는 말로 설명할 필요가 없을 것이다. 이러한 과정을 겪으며 멋진 성공을 이루어 낸 Smart Phone 사업이 위기에 처할 가능성이 있어 보인다. 그동안의 성공 신화(Success Trap)에 빠지면 안 된다. 그동안 해 왔던 것처럼 열심히 하면 계속 잘할 수 있을 것으로 판단하고, Smart Phone 기능의 향상에 초점을 두며 미래를 대비하는 것으로 보인다. 카메라의 화소나, 영상 화질 등을 차별화하는 것으로 시류(Trend)를 대비하고자 하면 안 된다. 또한 사업을 이끌고 있는 의사 결정권자들의 면면이 H/W와 재무 배경인데, 개인을 폄하하는 것이 아니라 이러한 부분은 미래 대비에 한계가 있다. Global Top Tier에 있는 회사들이 그렇지 않음이 시사하는 바가 크다. Smart Phone 사업을 예로 기업이 시류(Trend)에 대비하지 못하면 어떻게 되는가에 대해서 생각해 보았다.

일과 사업 영역에 대해서 생각해 보자. 우리나라 직업은 한국고용정보원이 2020년 발표한 《한국직업사전 5판》에 따르면 처음 발간된 1986년 기준 10,600개에서 6,291개가 늘어났다. 이 6,291개 직업 중에는 최근 몇 년간 늘어난 변화가 상당한 비중을 차지한다. 이는 그만큼 최근에 변화가 크게 있음을 보여 주는 것이다. 시류의 변화가 사업 영역, 일자리의 변화를 일으킨다. 우리는 시류의 변화를 과거 역사에서 알 수 있듯이 반

작용이 수반되는 과정은 있지만 피할 수는 없다. 이 변화를 감지하고 준비하면 새로운 기회를 얻게 되는 것은 당연하다. Shared Economy, Fin-Tech, AI 등 다 언급하기 어려울 정도로 변화가 다양하고 다이내믹하다. 시류(時流)를 잘 보고 준비해야 한다. 그 시류(時流)를 놓치면 ABBA의 〈The Winner Takes It All〉 노래를 들으면서 후회하게 될 것이다. 이제 2등에게 돌아오는 것은 없기 때문이다.

　개인의 입장에서 생각해 보자. 시류(Trend)를 잘 타야만 나의 역량(Competency)을 미래 역량으로 준비할 수 있다. 과거에는 열심히 파면 대부분 성과를 낼 수 있었다. 하지만 현재와 미래에는 어디를 파야 하는지, 어떤 도구와 방법을 활용해야 하는지, 누구와 함께 팔 수 있는지가 중요하다. 준비한 사람이 기회를 만들고, 가질 수 있다. 뒤로 처지면 따라잡을 수 없는 것이 냉엄한 현실이다.

　미래의 멋진 삶을 위해 '시류(時流, Trend)에 따라 살자'.

12
지름길(捷徑)은 없다

지름길은 본래의 길보다 더 짧은 거리를 이동해서 목적지에 도달할 수 있는 길을 말한다. 첩경(捷徑)이라는 말로 쓰기도 하는데 풍자적인 의미를 갖는다. 더 짧은 거리, 적은 시간을 투자해서 목적지에 도달할 수 있다면 지름길을 마다할 이유가 없지 않은가? 우리 주변에는 지름길이 너무도 많다. 공부 지름길, 시험 합격 지름길, 재산 형성 지름길, 성공 지름길 등 수도 없는 지름길이 있다. 이 지름길들을 알고 있으면 누구든 공부도 잘하고, 시험도 합격하고, 재산도 모으고, 성공도 할 수 있으련만 그렇지 않은 것이 현실이다. 왜 그럴까? 본래의 길을 충실히 걸으면서 꼭 필요할 때 지름길을 선택해야 하는데 모든 길을 지름길로 가고자 하기 때문이다.

지름길 선호 경향은 우리 사회가 산업화, 정보화를 초단기에 이루면서 얻은 성공의 결과에 기인한다고 할 수 있다. 남들(산업화를 이룬 국가)과 같은 방법과 시간을 투자해서는 산업화를 이룰 수 없고, 따라잡을 수 없었다. 지름길을 선택해야만 했다. 그 지름길이 바른길이 아닐 때도 산업화라는 대의명분 하에서 용인되고 선택되는 일도 있었다. 이러한 것이 우리의 의식을 지배하게 된 것을 알게 되는 데는 시간이 많이 걸렸다. 정보화 시대를 주도하면서 우리는 선진국 대열에 들어설 수 있게 되었고, IT 분야에서는 세계 최고가 되었다고 자부한다. IT 인프라 수준이 어느 국가보다 앞서는 등 명실상부하게 앞서고 있지만, 여기서도 우리는 지름길을 많이 선택했다. 지름길의 선택은 일정한 수준까지는 도달할 수 있지만, 그다음으로 넘어서는 퀀텀 점프가 필요할 때 어려움을 겪게 된다. 그리고 결국은 넘어서지 못하게 된다. 그것은 개인이나, 조직이나, 국가나 동일하다. 퀀텀 점프를 위해서는 내부에 축적된 힘이 필요하고, 내부에 축적된 힘이 진정한 힘으로 작용해야만 퀀텀 점프를 할 수 있다. 진정한 힘은 지름길에서 쌓이지 않고, 본래의 길에서 쌓인다.

우리는 S/W 역량이 떨어진다는 평가를 받는다. AI, Big Data, 자율 주행, 로봇 등 4차 산업혁명 시대에는 무엇보다도 S/W 역량이 중요하다고 한다. 그래서, 중학생에 이어 초등학생까지 S/W 교육을 의무 교육으로 도입해서 교육을 한다. 반드시 필요한 부분이라고 생각한다. 하지만 여기에서도 지름길을 모색하는 것이 아닌가 하는 생각을 해 봐야 한다. S/W 역량이 구체적으로 발휘되는 하나의 사례는 기업에서 제품을 개발하는 것이라 할 수 있다. 제품을 개발하는 S/W 개발자들이 여태까지는 S/W 프로그래밍 시 지름길을 많이 선택했다. 개발 일정이 촉박하고, 투입할 수 있는 M/M(개발 인력)이 많지 않기 때문이었다. S/W 프로그래밍에 지름길을 선택하면 그 제품에 문제가 발생했을 때 수정이 불가능하다. 그 제품의 S/W 프로그래밍을 담당했던 개발자도 원인을 찾기가 쉽지 않다. 또한, S/W 프로그래밍에 지름길을 선택하면 그 노하우의 전수가 사실상 어렵다. 내부에 힘이 축적되지 않는 것이다. 초등학생, 중학생에게 S/W 프로그래밍, 코딩 기술을 가르치는 것이 아니라 왜 S/W 역량이 중요한지, 어떻게 역량을 쌓아 갈 수 있는지를 교육하는 것이 더 중요하지 않을까? 성인이 돼서 이러한 의식을 갖추는 것은 몇 배의 노력이 필요하다.

지름길을 선호하는 경향은 또한 우리 조직 내에 이기주의와 끼리끼리를 팽배하게 만든다. 내가 아는 지름길을 경쟁자인 다른 사람에게 알려 줄 리가 없지 않은가? 그것이 나의 경쟁력이고, 나의 노하우인데 말이다. 남이야 어떻게 되는 무슨 상관인가? 나하고는 상관이 없다고 생각하는 것이다. '인간은 사회적 동물로서 이성을 본질로 하는 존재(아리스토텔레스)'라고 했는데, 이러한 인간이 구성하는 사회와 조직을 발전시키는 원동력은 이기주의, 끼리끼리가 아니라 공동체 의식이다. 나의 이익만을 추구하는 이기주의와 끼리끼리의 만연은 사회와 조직의 발전을 저해하고, 여러 가지 문제를 내포한다. 사회와 조직의 질서를 깨트리고, 갈등을 유발한다. 이기주의와 끼리끼리가 아니라 개인을 인정하는 공동체 의식을 기반으로 나의 능력을 충분히 발휘하고, 다른 사회, 조직 구성원들은 그 성과를 인정해 주는 문화가 만들어질 때 사회와 조직의 발전이 가능하다. 이러한 문화는 지름길이 아니라 정도를 걸을 때 갖춰지는 것이고, 시간과 우리 모두 공동의 노력이 필요하다.

Soft Power를 가지려고 노력을 한다. 기업들도 근면성을 바탕으로 한

원가 경쟁력을 갖춘 Hardware 중심 제품이 아니고, Software 중심 제품으로 이익을 창출하고자 노력하고 있다. 앞으로 그렇지 못하면 생존이 불가능하다. 하지만 아직까지 그 사례를 많이 접하지는 못하고 있다. 이러한 사례를 많이 만들기 위해서 지금까지는 지름길을 요구하고 선택했더라도 앞으로 그것을 준비하는 과정에서는 지름길을 요구하고 선택해서는 안 된다. 미래는 현재까지의 성공 연장선상에 있지 않다. 내부로부터 축적되는 Soft Power가 미래를 만드는 힘이기 때문이다.

13

여름 낙엽(落葉)

사계절이 뚜렷한 지역에서 식물들은 봄에 새싹이 나고 꽃을 피우며, 여름에 무성함을 지나면서, 가을에 열매를 맺는다. 그리고 스스로 잎을 떨어뜨려 겨울을 준비한다. 이것이 자연의 순리이고, 식물들이 살아가는 방식이다. 그런데 항상 사계절의 여름과 같은 날씨를 보이는 열대 지방에서의 식물들은 어떻게 적응하면서 살아갈까? 언제 싹을 틔우고, 꽃을 피우고, 열매를 맺을까? 겨울을 준비할 필요가 없으니 스스로 잎을 떨어뜨리는 일은 없는가? 대표적인 열대 식물인 바나나의 경우 일 년 내내 꽃을 피우고, 바나나 열매를 맺는다. 분얼아(分蘖芽)가 생장해서 잎이 일정한 수에 다다라 열매를 맺을 준비가 되면, 꽃을 피우고 열매를 맺는 것이다. 계절에 따라 움직일 필요가 없다. 아니 그럴 수도 없다. 잎을 떨어뜨리는 것도 마찬가지이다. 식물 스스로가 필요한 시기에 불필요한 잎을 떨어뜨려 버림으로써 열대 자연에서 생존해 나가고, 또 성장해 나간다. 이는 우리가 열대 지방의 길을 걷다 보면 가로수 밑에서 항상 낙엽을 볼 수 있는 까닭이라고 할 수 있다. 우리 기준으로 가을 낙엽이 아닌 여름 낙엽을 볼 수 있는 것이다.

　우리 삶도 이와 같지 않을까? 열대 지방의 식물과 같이 일 년 내내 꽃을 피워 열매를 맺어야 하고, 필요한 시기에 필요 없게 된 잎을 적당히 버릴 줄 알아야 생존할 수 있고 성장해 나갈 수 있다고 하는 것이, 조직 생활을 하는 우리와 같은 이치라고 하면 비유가 과한 것일까? 조직 생활이 이와 다르지 않다. 사계절의 변화에 따라 움직일 수 있으면 조직 생활이 좀 쉽겠지만, 우리의 조직 생활은 스스로 열매를 맺을 시기를 결정해야 하는 열대 식물과 같이 나 스스로 결정해 나가야 하는 과정의 연속이다. 준비가 덜 된 상태에서 열매를 바라고 꽃을 피우면, 그 꽃은 실제 열매를 맺지 못하고 끝나는 것이 대부분이다. 우리의 조직 생활이 그러하다. 내가 준비가 덜 된 상태에서 어떤 성과를 창출해 내는 것은 가능하지 않기 때문이다.

　꽃을 피워 열매를 맺기 위해서는 식물의 뿌리가 흔들림 없어야 한다. 조직 생활로 보면 내가 맡고 있는 일에 대하여 자신감이 있어야 한다. 그래야 성과를 낼 수 있다. 그 자신감은 어디서 오는가? 그 자신감은 실력에서 나온다. 운동 경기를 관람할 때 많은 해설자들이 선수들이 자신감을 가지고 경기에 임해야 한다는 점을 강조하는 것을 보게 된다. 그러면, 운동선수들이 '내가 자신 있게 해야지' 하고 마음을 가짐으로써 자신감이 나오는가? 그렇지가 않다. 셀 수 없는 연습을 통해서 기술이, 상황에 대처할 수 있는 실력이 갖추어졌을 때 선수는 자신감을 가질 수 있게 된다. 조직 생활을 하는 우리도 마찬가지이다. 일에 대한 지식과 경험이 부족한

데 어떻게 실력을 바탕으로 한 자신감을 가질 수 있겠는가? 내가 원해서 하는 일이든 원해서 하는 일이 아니든 간에, 맡게 된 바에는 일에 대한 실력을 갖추는 것이 나의 자신감을 위해서 최우선으로 삼아야 하는 과제이다. 이는 나무가 뿌리를 튼튼히 하는 일과 같다. 나무의 뿌리가 튼튼하게 되면 분얼아(分蘖芽)를 가질 수 있게 되고 더 많은 꽃을 피우고 열매를 맺을 수 있다.

나무가 적당한 때에 불필요한 잎을 버리면서 생존하고 성장해 나가듯이, 우리도 조직 생활을 하면서 불필요한 것들을 버리고 새로운 잎을 내는 일을 끊임없이 해야 한다. 그렇지 않으면 조직 생활을 통해 앞으로 나가는 일에 많은 어려움이 따를 것이다. 조직 생활을 하면서 불필요한 것, 버려야 할 것의 첫 번째는 '일의 본질에서 벗어난' 것이다. 실무자에서 경험을 쌓게 되며 업무의 영역이 넓어지게 되고, 내가 관리해야 할 항목들이 많아지게 된다. 그리고 내 업무와 관련된 관련자도 많아지게 되는 관리자급으로 성장해 나가는 것이다. 그러나, 관리자급으로 성장하면서도 실무자 때의 수준과 경험으로 업무를 하게 되면 제대로 일해 나간다 할 수 없을 것이다. 조직 내에서 '이렇게 해야 한다'라고 가르쳐 준 게 없다고 핑계를 대는 것은 의미가 없다. 관리자급으로 제대로 일을 하기 위해서는 일의 본질을 꿰뚫을 줄 알아야 한다. 또, 관리자급에 맞는 의사 결정과 관계 관리를 할 줄 알아야 한다. 그래야 일에 본질에서 벗어나지 않을 수 있다. 두 번째는 합리적인 판단을 방해하는 것들을 버릴 수 있어야 한다. 조직의 구성원으로서 일하게 되지만 나도 사람인 이상 일할 때 나의 감정에 영향을 받을 소지가 상당하고, 실제 영향을 받는 경우도 많이 있을 수 있다. 하지만 이것을 피할 수 있어야 한다. 내가 실무자였을 때 상사의 기분에 따라서 내가 하는 일이 영향을 받게 되어 얼마나 실망했던가? 내가 그러한 일을 반복해서는 안 된다. 그리고 내 컨디션에 따라서 일의 강도가 차이 나는 편차를 최소화해야 한다. 특히, 컨디션이 좋지 않을 때도 일의 강도를 일정한 수준 이상 유지할 수 있어야 한다.

이것 외에도 살아가면서 버려야 할 것들이 많이 있다. 사람과의 관계에 있어서 불편한 감정을 오랫동안 유지하는 것, '내가 옛날에는 이랬어' 하는 것, 사촌이 땅을 사면 배가 아프다는 시기심을 가지는 것, 나보다 잘하는 사람을 보고 배우기보다는 깎아내리려고 하는 것 등이다. 이러한 것들은 내가 인생을 살아가면서, 또 조직 생활을 해 나가면서 나를 앞으로 나가지 못하게 하는 필요 없는 잎들이다. 어렸을 때의 잎을 떨어뜨리지 않고 나무가 계속 가지고 있다면 어떻게 더 높게 자랄 수 있겠는가? 이것이 우리가 열대 지방에서 가을이 아닌 여름에도 낙엽을 보는 이유이다.

14

저것을 버리고 이것을 취하다(去皮取此)

《노자 도덕경》38장 후반부에는 다음과 같은 내용이 나온다. "大丈夫處其厚(대장부처기후, 대장부는 두터움에 머물고), 不居其薄(불거기박, 얕은 곳에 머물지 않는다), 處其實(처기실, 실함에 머물고), 不居其華(불거기화, 화려함에 머물지 않는다), 故去彼取此(고거피취차, 고로 저것을 버리고 이것을 취한다)." 이 내용의 핵심은 '저것을 버리고 이것을 취한다'일 것이다. 여기서 '저것'은 우리가 이상적으로 생각하는 도달하기 어려운 지점인 추상적인(Intangible) 것을 뜻한다고 볼 수 있다. 반면, '이것'은 우리와 함께하고 있는 현실적(Tangible)이고 도달 가능한 것이라고 볼 수 있다.

상황에 따라서 추상적인 것과 현실적인 것을 구분하는 경계가 모호하거나 변할 수 있지만, 내가 실행하여 도달할 수 있는 것이 아닌 관념에만 머무르는 것을 추상적인 것, 내가 최선을 다하거나 혁신을 통해서 도달할 수 있는 것을 현실적인 것이라고 보자.

조직 생활을 하면서 여러 가지 상황을 접하게 된다. 역량(Competency or Capability)과 관련해서 생각해 보자. 조직으로부터 어떤 일을 부여받게 될 때, A는 자신의 역량을 과소평가하여 역량보다 적게 일을 맡으려는 경향이 있고, B는 자신의 역량을 과대평가하여 역량보다 크게 일을 맡으려고 한다. 두 경우 다 조직의 성과를 극대화하기 위해서는 바람직하지 않다. A의 경우에는 리더의 격려, 자신감 부여, 업무 수행에 대한 성공 사례를 축적하게 함으로써 자신감을 갖고 적극적으로 업무에 임하게 할 수 있다. 이 과정에서 일어난 것은 A의 去此取彼(거차취피)라고 할 수 있지 않을까? B의 경우에는 자기 자신에 대한 과신을 리더가 분석적으로 지적해 주어 고쳐 나가고, 부족한 부분을 보완하여 메우는 발전의 계기로 삼고 노력함으로써 역량을 키울 수 있다. 이 과정에서 일어나는 것이 B의 去彼取此(거피취차)라고 할 수 있다.

우리는 살아가면서 일정한 크기의 허황된 꿈을 가지고 살아간다. 그 허황된 꿈이 삶의 윤활유 역할을 해 주고, 삶의 메마름을 막아 주는 역할을 하는 것이 사실이다. 일탈을 꿈꾸는 것만으로도 새로운 삶의 희망을 보고, 도전 의지를 키우게 되는 것을 보면 허황된 꿈도 삶에 꽤 플러스(+)적 역할을 한다. 하지만 여기서 우리는 경계를 잘 살펴야 한다. 뉴스를 보면 사회에 큰 해를 끼치는 일들을 종종 목격한다. 그 해는 당사자뿐 아니라 많은 사람에게, 또 사회 전체에 해를 끼쳐서 막대한 손해를 입힌다. 그 손해는 보상받을 길도 없는 경우가 대부분이다. 이것은 허황된 꿈이 경계를 넘어섰기 때문이다. 가능하지 않은, 조직에서 용인되지 않는 방법을 구사하여 그 꿈을 이루고자 할 때 일어나는 일은 돈과 관련해서 일어나는

더 워크플레이스

경우가 대부분이다. 去彼取此(거피취차)가 필요하다. 조직에서 용인되지 않는 다른 사람에게 해를 끼치는 방법을 구사하는 것은 버리고, 혁신이라는 방법을 통해서 이룰 수 있는 것을 목표로 취하는 것이 필요하다. 이럴 때 우리가 속해 있는 조직은 정의가 작동하는 조직이 될 수 있다.

내가 어려웠던 시기를 겪은 사람은 남의 어려움을 잘 이해할 수 있다. 그래서 젊어서 고생은 사서 한다는 말도 생겼으리라 생각한다. 이러한 면을 통하여 나에 대한 배려뿐 아니라 타인에 대한 배려가 나올 수 있다. 이러한 남의 어려움을 잘 이해하는 사람이 조직 생활을 잘할 가능성이 크다. 조직 생활을 하는 중에 조직에서의 나의 운명은 다른 사람의 의사 결정에 의해서 결정되는 것이 다반사이다. 어떤 경우는 나를 잘 아는 상사에 의해서 결정되는 것이 아니라, 나에 대해서 잘 알 것이라고 생각되지 않는 사람의 평판을 통해서 결정되는 경우도 있다. 나를 잘 알지 못할 것이라고 생각되는 사람, 관련이 적을 것이라고 생각되는 사람의 평가는 객관적 평가라고 생각해서 상당히 신뢰를 받게 된다. 나와 관련이 없을 것이라고 생각되는 사람의 평가를 통해서 내 운명이 결정된다고 하니 이런 아이러니도 없을 것이다. 나의 이익보다는 상대, 타인을 배려할 줄 아는 마음과 자세가 나의 운명을 내 주도적으로 만들 수 있을 것이다. 나의 이익보다는(去彼) 상대, 타인을 배려할 줄 아는 마음과 자세(取此)가 저것을 버리고 이것을 취하는 去彼取此(거피취차)가 아닐까?

15
모든 것은 그 나름대로 쓸모가 있다(各得期所)

　　'각득기소(各得其所)'는 《논어(論語)》 〈자한편(子罕編)〉에 나오는 말로 '모든 것이 있어야 할 그곳에 있게 되다'라는 뜻이다. 기업의 인사 관리 차원에서는 능력과 역량에 따라 인재를 적절한 곳에 배치하여 성과를 내게 하는 '적재적소'와 같은 의미라고 할 수 있다. 대량 생산을 통해 성장이 가능했던 시기에는 인재 채용도 각자의 능력과 역량을 고려하기보다는 수요와 공급 차원에서 고려되어 다수를 채용할 수 있는 신입사원 공채가 대부분이었다. 인적 자원의 투입이 부가 가치 창출을 담보하던 시기에는 적절한 채용 방법이었다. 하지만 인적 자원의 투입이 부가 가치 창출에 더 이상 정(正)의 상관관계가 아님에 따라, 현재는 대부분의 기업들이 개별 채용으로 채용 방법을 변경하였거나 변경하고 있다. 얼마나 많은 수의 인력을 확보하느냐가 관건이 아니고, 나(기업)의 부가 가치 창출에 기여할 수 있는 Right Person을 어떻게 찾아내고, 확보하느냐가 중요한 이슈인 것이다. 구직자 입장에서는 취업의 기회가 줄어드는 결과를 초래하기도 하니 취업 측면에서는 안타까운 일이다. 그렇기 때문에 취업을 하고자 하는 구직자 입장에서는 어떻게 대비해야 하는가의 문제에 부딪히게 된다.

　사회의 부가 가치 창출 Paradigm이 변하고 있다. 사람이나 동물로부터 동력을 얻어 생산을 하던 시기에서, 중기 기관 발명으로 기계로부터 동력을 얻게 되며 이전에 비해 폭발적으로 생산력이 증가한 1차 산업혁명, 전기의 발명과 컨베이어 시스템으로 상징되는 대량 생산으로 인한 물질적 풍요가 가능했던 2차 산업혁명, 컴퓨터, 정보화, 네트워크로 대변되는 3차 산업혁명, AI, BIO, 자율 주행, 로봇, VR/AR, Big Data, IoT 등의 기술을 바탕으로 현재의 경제, 사회, 문화 전반에 걸쳐서 근본적인 변화를 가져올 것으로 예측되는 4차 산업혁명 시대에 접어들면서 부가 가치 창출의 Paradigm이 변하고 있다. Platform 비즈니스, 공유 경제가 대세로 등장하고, 비즈니스의 국경이 없어지며, 거대한 자본 투자 없이 생산자가 될 수 있고, 콘텐츠가 중요한 시대에 들어섰다. 이것은 지금까지의 변화를 요약한 것일 뿐 앞으로의 변화를 예측하는 것은 불가능하다는 것이 정론이다. 변화를 예측하기 어려운 불확실한 시대에, 기업의 입장에서 어떤 인재를 확보할 것인가는 무엇보다 중요한 문제이다.

　첫째, 창의성 발휘가 가능한 인재를 확보해야 한다. 혁신의 아이디어는 경험 곡선(Experience Curve)에 의해서 나오는 것이 아니라 기존의 관점에서 벗어나 다른 관점에서 볼 수 있는 능력, 미래의 기회를 다른 시각으로 볼 수 있는 능력을 가진 인재를 확보함으로써 얻을 수 있다. 창의성 발휘가 가능한 인재를 알아보기 위해서는 그 사람이 '궁극(窮極)'에 대해서 질문을 하고자 하는 사람인가를 보는 것이다. 궁극에 대해서 질문을 하는 사람은 본질을 꿰뚫을 수 있고, 본질을 꿰뚫을 때 혁신을 할 수 있다. 둘째, 변화 유연성을 갖춘 인재를 확보해야 한다. 불확실성이 큰 시대에 변화의 방향을 인지하고, 그 변화를 받아들이고자 하는 유연성을 갖춘 인재만이 미래를 만들어 갈 수 있기 때문이다. 우리 기업들은 고도 성장기를 지나오면서 성공 신화를 경험한 세대가 아직 경영자, CEO층을 차지하고 있다. Software, Service보다는 Hardware, 제품의 내구성을 기반으로 성공한 경험을 보유하고 있는 세대들이다. 현재 이러한 세대의 각고의 노력은 일보 전진을 가능하게 하지만, 계속 나갈 수 있을지는 미지수인 것이 현실이다. 성공의 경험이 조직의 상상력을 저해하는 요소로 작용하지 말아야 한다. 셋째, 소통 능력을 가진 인재를 확보해야 한다. 앞으로의 시대에는 인간과 인간의 소통뿐 아니라 인간과 사물, 사물과 사물의 소통이 요구되는 시대이다. 이 소통이 원활하지 못할 때 조직에서 제 역할을 못한다. 최근의 애완동물을 기르는 사람들이 늘어나면서 다양한 서비스들이 출현하는데 이는 대부분 애완동물과의 소통을 기반으로 하는 서비스라고 볼 수 있다. 출근 후에 혼자 남은 애완동물의 감정을 살피고, 안전을 살피고, 즐거움을 주고자 하는 서비스. 이러한 것들은 애완동물과의 소통을 원하는 인간이 만들어 내는 서비스이다.

기업 입장에서 어떤 인재가 필요한가를 살펴보는 것으로써 개인 입장에서 어떤 인재상을 갖추어야 하는가를 비추어 생각할 수 있다. 개인은 내가 잘하는 것이 있는 즉, 전문성을 기본으로 갖추고 기업 입장에서 필요로 하는 인재상을 갖추도록 하자. 그러면, 자연히 개인이나 기업이나 각득기소(各得其所)가 이루어질 것이다.

제3장

조직 생활에서의
리더십과 관계

1
〈팬텀싱어〉로 보는 리더십과 팔로우십

모 방송국에서 방송했던 노래 경연 프로그램인 〈팬텀싱어〉를 푹 빠져서 본 적이 있다. 2016년에 시즌1이 방송됐고, 2017년에 시즌2, 2020년에 방송되었던 프로그램이 시즌3이다. 시즌3까지 방송될 만큼 많은 사람들에게 인기가 있고, 나는 거의 회를 거르지 않고 재밌게 보았다. 〈팬텀싱어〉는 다른 노래 경연 프로그램과는 다르게 최종적으로 개인 우승자를 뽑는 것이 아니라, 남자 4중창을 구성하는 경연 프로그램이다. 참가자들이 경쟁자이자 자기의 파트너가 되는 것이다. 예선전과 본선 초반에는 솔로로 노래를 경연하고 이후부터는 2중창, 3중창, 최종적으로 4중창으로 팀을 구성하여 노래 경연이 이루어진다. 이것이 다른 경연 프로그램과는 다른 재미를 주며, 여기서 불리는 노래들은 어느 음악회와 비교해도 손색이 없고, 장르도 다양해 즐거움을 선사한다.

솔로 경연이 끝나면 2중창 팀 구성이 이루어진다. 다음 라운드 진출자들이 서로를 탐색하면서 스스로 팀을 짜게 된다. 예를 들어 A참가자가 B

더 워크플레이스

참가자에게 같이 팀을 하자고 요청하면 수락하는 경우도 있고, 본인은 다른 참가자를 파트너로 염두에 있기 때문에 거절하는 경우도 있다. 시간이 지나면서 전체 팀이 구성되고, 각 팀들은 노래 경연 준비를 시작한다. 일단 팀이 구성되면, 예선전과 본선 경연 시 관찰했던 점들을 기초로 해서 상호 성향, 잘하는 것, 부족한 것들을 숨김없이 이야기하면서 서로를 파악한다. 그때 상대가 이야기하지 않은 잘하는 것을 이야기해 주기도 하고, 아쉬웠던 것도 이야기하는 것이 스스럼없다.

서로에 대해서 파악이 끝나면 경연 시 부를 노래를 선곡하게 된다. 누구의 일방적인 주장보다는 서로 파악한 성향, 장단점을 기초로 해서 노래를 선곡한다. 이 과정에서 자연스럽게 어느 한쪽의 리딩하는 성향이 나타나게 되고, 다른 한쪽은 그것을 따라주게 된다. 조직에서의 성과를 내는 것도 이것을 보면 똑같은 원리이다. 팀에는 리더가 있고 구성원이 있다. 그 팀이 성과를 내기 위해서는 리더가 팀원들의 역량을 잘 파악하고, 팀원들의 역량을 한 방향으로 잘 이끄는 것이 필요한데 이것이 합의(Consensus)의 과정이다. 일방적으로 밀어붙여서는 고성과를 창출하기 어렵다. 특히, 요즈음과 같이 초정보화 시대에는 말이다. 충분한 합의가 이루어지면 팀원들도 팔로우십을 잘 발휘할 수 있다.

노래 선곡이 끝나고 나서는 노래의 방향을 결정한다. 대부분 이전의 노래와는 차별화된 노래를 부르고자 한다. 그래야만 경연에서 이길 수 있다는 것을 잘 인식하고 있다. 편곡을 어떻게 할지, 강조를 어디에 둘지, 솔로 경연이 아니고 합창이므로 두 사람, 세 사람, 네 사람의 시너지를 어떻게 낼 수 있을지, 감정선을 어떻게 처리할지 등등 많은 요소를 고려하면서 노래의 방향을 결정한다. 아무리 실력이 뛰어나더라도 이전의 노래를 답습해서는 승산이 없는 것이다. 조직도 마찬가지이다. 파괴적 혁신(Disruptive Innovation)이 필요하다. 이러한 혁신을 이끌어 내지 못하면 조직이 성장하고, 생존할 수가 없는 것이 현재이다. 리더는 이와 같은 파괴적 혁신을 조직 내에서 끊임없이 일으키는 역할을 해야 한다. 그래야 구성원들도 비전을 가지고 조직 생활을 할 수 있다.

노래의 방향이 결정되면, 그다음은 노래 연습이다. 기존의 방식이 아닌 새로운 방식으로 노래를 부르기 때문에 연습이 수월하지 않다. 당초 생각했던 대로 되지 않는 부분도 생기고, 예상치 못한 변수들이 많이 일어나게 된다. 기한이 정해져 있기 때문에 무조건 해내야 하는 중압감이 있지만, 노래 연습 과정은 대부분 재미있다. 상대가 모르는 부분을 가르쳐 줄 때, 가르쳐 주는 사람이나 배우는 사람이나 모두 즐겁게 한다. 내가 이렇게 하는 것은 어때 하고 제안하면 받아 주기도 하고, 여기서는 이렇게 하는 게 좋겠어 하고 당초 계획을 수정하기도 하고, 서로서로 도와 가면서 노래 연습을 한다.

기본적으로 팀원을 배려함으로써 그 노래의 완성도를 높이려고 한다. 하루의 노래 연습이 끝나면 같이 집에 가서 자기도 하고, 캔 맥주를 한잔 마시면서 미래 고민에 대해 이야기하기도 하며 서로 친해진다. 조직에서도 이와 같은 배려, 합심이 중요하다. 팀원이 힘들어할 때 나 자신을 조금 희생해서 배려하고 도와주는 팀 전체의 성과를 우선하는 문화가 그 조직을 성장시키고 발전시킨다.

　노래 경연의 순간이다. 노래 경연 시 생각했던 만큼 잘하는 경우도 있지만, 그렇지 못한 경우도 종종 생기게 된다. 어떤 경우든 노래 경연이 끝나고 나면 서로 수고했다고 격려하는 모습이 보기 좋다. 결과에 상관없이 다 최선을 다했기 때문에 서로 수고했다고 격려할 수 있는 것이다. 조금 실수한 경우에 실수한 본인이 미안해 하지만 상대방은 전혀 그것을 탓하지 않는다. 최선을 다하다 생긴 실수라는 것을 알기 때문이다.

　프로젝트를 추진할 때 결과적으로 그 프로젝트가 성공적으로 마무리되는 경우도 있지만, 그렇지 못한 경우도 있을 수 있다. 프로젝트의 결과만을 가지고 판단할 것이 아니라 그 과정에서 최선을 다했는지를 보는 것이 중요하다. 물론 성공적이지 못했을 경우 그것에 대해서 철저한 분석(Deep Dive)이 필요하고, 잘못된 점이나 부족한 점이 다시 반복 돼서는 안 된다. 조직의 리더는 팀이 최선을 다할 수 있게 이끌고, 팀의 격려를 통해서 앞으로 계속 나갈 수 있는 힘을 갖출 수 있도록 하는 것이다.

　4차 산업혁명 시대에 요구되는 인재의 인재상 중 하나가 협력(Collaboration)이다. 사이버 세상과 1인 미디어가 발달된 세상이지만 혼자가 아니라 팀플레이가 기반이 되는 협력이 조직 성과 창출의 원동력이고, 4차 산업혁명 시대의 변화에 대응하고, 혁신해 나갈 수 있는 원동력인 것이다.

2
어떻게 헤쳐 나갈 것인가?
(Between Skylla and Charybdis)

호메로스의 오디세이아에서 키르케는 자신의 섬에 머물다 고향으로 돌아가기 위해 떠나는 오디세우스에게 닥쳐올 위험을 경고한다. 한쪽에는 끔찍한 이빨을 드러낸 Skylla(스킬라)가 있고, 다른 쪽에는 모든 것을 빨아들이는 무시무시한 Charybdis(카리브디스)가 있어 아무런 피해 없이 무사히 바다를 빠져나가는 것이 불가능한 곳을 만나게 될 거라고 말이다. 한쪽 위험을 피하려다가 다른 쪽 위험에 빠질 수 있음을 경고한다. 지금도 이탈리아 칼라브리아의 메시나 해협에는 Skylla 바위가 있는데, 우리 표현으로는 진퇴양난(進退兩難)의 형국에 빠진 것을 나타내는 서양의 표현 'Between Skylla and Charybdis'의 유래이다.

살아가면서 우리는 이와 같은 형국에 빠지는 것을 종종 경험하게 된다. 의도하든 의도하지 않았든 말이다. 특히, 직장이라는 조직 세계에서 이와 같은 상황에 맞닥뜨렸을 때 우리는 어떻게 판단하고 처신해야 할까? 어려운 일이다. 쉽게 판단하기 어렵고, 다른 사람에게 자문을 구하기도 쉽지 않다. 그 상황이 모두 다르기 때문에 선례를 찾더라도 대입해서 판단하는 것이 어려운 까닭이다. 그 상황은 누구에게나 처음이다. 이러한 상황을 현명하게, 나에게 적합하게 헤쳐 나가기 위한 생각을 해 보자. Skylla와 Charybdis 사이를 어떻게 항해해 피해 없이 헤쳐 나올 수 있을지에 대해서 말이다.

취업 자체가 어려우니 이러한 고민이 사치라고도 할 수 있겠지만, 신입 사원이든 경력 사원이든 새로 들어간 직장에 적응하기 위해서는 치열한 고민이 수반되는 것이 보통이다. 직장의 조직 문화는 어떤가? 만나기도 쉽지는 않지만 사장(또는 조직장)은 어떤 스타일인가? 매일 같이 일하게 되는 직속 상사는 어떤가, 조직에서 인정받는 능력자인가 아닌가, 무엇을 좋아하는가? 선배는 어떤가, 같은 일을 하는 동료는 있는가? 등등. 무수한 많은 변수가 직장에서의 갈등 발생 요인이고, 이러한 요소들이 갈등 상황에서의 생각과 판단을 요구한다.

새로운 직장에 들어가서 흔히 접할 수 있는 상황이 담당자로서 일할 때 관련 부서와의 협업 관계이다. 작은 규모의 조직보다는 일정 규모 이상이고, 각 부서별 기능성을 갖춘 조직에서 일어날 것이다. 관련 부서 담당자와의 협업이 잘되느냐가 조직 적응에 중요한 요소가 된다. 내가 몸담았던 조직에서의 경험인데, 나보다는 후배였던 동료는 거의 매일 관련 부서 女직원과의 업무 처리 시 고충, 불만에 대하여 나한테 하소연하곤 했다. 어떤 경우는 다른 직원이 대신 가서 업무를 처리해 주는 일까지 있곤 했으니 어느 정도의 관계였는지 상상할 수 있을 것이다. 그런데 어느 날부터인가 고충, 불만이 사라졌다. 그래서 요즈음 업무 처리하는 데 어려움은 없는지, 그 부서 女직원과는 잘 협조되고 있는지에 대해서 물어보았더니, 의외의 답이 돌아왔다. '잘되고 있다, 그래서 직장 다니는 재미도 있다'라는 답이 돌아왔다.

더욱 반전인 것은 1년 뒤에 그 직원과 결혼한다는 청첩장을 부서원들에게 돌려서 모두를 깜짝 놀라게 했던 일이 있었다. 어찌 된 일인지 그에게 물어본 적이 있다. 그 부서 女직원과 처음 업무 처리를 할 때 그가 실수를 해서 그 女직원이 그를 신뢰하지 않게 되었고, 그다음부터는 사사건건 확인하고 따지게 되는 바람에 모든 일에 어려움이 있었다는 것이다. 그래서 그 女직원과 한 번은 대화를 하는 것이 필요하다는 생각에 다른 사람에게 부탁하여 퇴근 후 자리를 갖게 되었고, 그때 상황에 대해서 솔직하게 이야기할 수 있는 기회를 가졌다고 한다. 그 女직원도 많은 사람을 상대하다 보니 관련 부서에서 꼼꼼하게 해 오지 않으면 일 처리를 할 수 없는 상황이어서 시범적으로 좀 심하게 대할 수밖에 없었다는 이야기를 들었단다. 그 일이 있은 후에 두 사람은 업무 처리 고충에 대해 서로 터놓고 이야기함으로써 직장에서의 어려움을 같이 해결하며 스트레스를 풀게 되었고, 그러다 보니 서로의 이해가 높아져 인생을 같이 하는 결혼까지 하게 된 것이다. 물론 지금도 잘 살고 있다는 소식을 가끔 접한다.

아주 특수한 경우라고 할 수도 있겠지만 여기서 우리가 생각해 볼 수 있는 중요한 점은 갈등이 있을 때 허심탄회하게 솔직히 대화를 하는 것이다. 자기 자신의 생각이나 마음을 잘 드러내지 않는 것이 직장에서의 생활을 슬기롭게 하는 것이라고 생각하는 사람이 의외로 많다. 직장도 똑같이 사람들이 모여서 생활하는 곳이다. 자기 자신이 먼저 솔직하게 다가갈 때 소통이 이루어지고 이해가 생기며, 많은 문제가 해결된다.

다음으로는 자기 자신의 실력을 키우는 일이다. 대기업 CEO가 된 분의 이야기를 들은 적이 있다. 수출 영업 부서에 신입 사원으로 입사를 하였는데 당시에는 컴퓨터, Fax도 없고 텔렉스로 통신하던 시절이었다. 불과 40여 년 전 1980년대 초이니까 그리 먼 이야기도 아니지만 지금 생각하면 호랑이 담배 피우던 시절 이야기 같다. 그는 본인이 근무하던 층에서 제일 먼저 출근하여 밤새 들어온 텔렉스를 구분해 선배들 책상에 가져다 놓았다. 누가 시켜서가 아니고 신입 사원으로서 자진해서 한 것이다. 텔렉스를 구분해 가져다 놓으면서 어떤 거래선에서 텔렉스가 들어온 건지, 어떤 내용인지 등을 자연스럽게 살펴볼 수 있는 기회가 되었다고 한다. 그게 하루, 이틀 쌓이면서 그는 층 내 전 부서에서 일어나는 일에 대해서 알게 되었고, 그로 인해 일이 주어졌을 때 어느 부서와 협업이 필요한지, 시급한 것인지, 큰 프로젝트인지 등을 알고 대처할 수 있어서 선배들한테는 스스로 잘 알아서 일 처리하는 유능한 신입 사원으로 인정받게 되고, 승진도 빠르게 할 수 있었고, 궁극에는 CEO까지 오르게 되었다는 일화이다.

요즈음 하고는 환경과 여건이 많이 다르지만 전체를 볼 수 있는 능력은 직장이라는 조직에 적응하고, 성과를 창출하는 데 중요한 요소이다. 이러한 능력을 갖추는 것은 누군가 나에게 가르쳐 줘야만 가능한 것이 아니다. 내가 일하고 있는 현장에 내가 보고 배우면서 실력을 갈고닦을 수 있는 사례와 기회가 굉장히 많다. 전체를 보려고 하는 시도가 남의 일에 참견하는 것으로 생각되는 경우가 종종 있지만 배우고자 하는 자세를 가지고 대하면 많은 것을 얻을 수 있다. 전체를 볼 줄 아는 실력을 갖추어야 진퇴양난의 형국에 놓인 상황에서 피해 없이 헤쳐 나갈 수 있는 답을 구할 수 있고, 성공할 수 있다. 리더에게는 더욱 요구되는 꼭 필요한 능력이자 실력이다.

본인도 신입 사원 시절에 어려운 상사를 만났다고 생각해서 사표 제출을 심각하게 고민한 적이 있다. 사표를 내려니 어렵게 입사한 회사에 미련이 많이 남고, 계속 다니려니 그 상사와는 한시도 같이 못 있을 것 같고 진짜 'Between Skylla and Charybdis'의 상황이었다. 결론은 그 시기를 잘 넘겨서 한 직장에서 27년을 근무하게 되었지만 지금도 그때를 생각하면 고민이 많이 되는 것이 사실이다. 그때 본인이 취했던 해결책은 참고 기다리는 것이었다. 수동적인 방법이지만 어느 정도 시간이 지나면 자연스럽게 그 상황을 해결하는 데 도움이 되는 방안이 나타나게 된다. 내 마음이 누그러질 수도 있고, 상사의 태도가 변화될 수도 있고, 조직의 변화 등 외부 변화가 있을 수도 있고 여러 가지 가능성이 있다. 어떤 문제, 갈등을 접했을 때 인내하는 것도 굉장히 중요하고 필요하다. 어떤 문제에 대하여 과감하고 명쾌한 결단이 항상 좋은 결과를 가져오는 것은 아니다. 참고 기다릴 줄 아는 사람이 현명한 해결책을 찾을 가능성이 훨씬 크다.

'Between Skylla and Charybdis'라는 진퇴양난의 상황은 누구에게나 찾아온다. 누구에게나 찾아오는 진퇴양난의 상황을 헤쳐 나가기 위해서는 도전이 필요하다. 그리고 도전을 하기 위해서는 자신을 포함한 여러 사람과 허심탄회한 소통이 필요하고, 실력도 쌓는 것이 필요하다. 또한, 인내도 필요하다. 참고 기다리는 것은 패배하는 것이 아니라 헤쳐 나가기 위한 준비인 것이다.

3
팀플레이를 어떻게 할까?

사자는 자신보다 몇 배나 큰 덩치를 가진 사냥감을 사냥할 때 여러 마리가 협력하여 사냥을 한다. 예를 들어, 기린을 사냥할 때 십여 마리의 사자들이 기린을 우선 둘러싼다. 다음, 암수 사자가 기린의 뒤꽁무니를 물고 늘어진다. 기린의 몸부림에 암수 사자가 끌려 다니기도 하지만 이어서 또 다른 사자가 기린에게 달려들어 물고 늘어지고, 또 다른 사자가 물고 늘어져 결국에는 기린을 쓰러뜨린다. 덩치가 6~7배나 큰 물소를 사냥할 때도 비슷하다. 협력을 통하여 큰 먹잇감 사냥에 성공하는 것이다. 늑대 또한 십여 마리가 협력을 하여 먹잇감을 사냥한다. 좌우에서 먹잇감을 쫓고 몰아서 지치게 만드는 늑대, 앞에서 공격하는 늑대로 분업하여 지능적으로 사냥을 한다. 그리고 동물에 비해 힘도 약하고, 빠르지도 않았던 인간이 사냥에 성공할 수 있었던 것도 늑대 사냥 기술과 유사하게 여러 명이 먹잇감을 끝까지 쫓아서 지치게 만드는 것이었다. 협력으로 사냥에 성공해서 생존을 가능케 하였던 것이다.

근대 이후 우리 사회에 협력의 성과가 본격적으로 나타나기 시작한 것은 포드가 1913년 자동차 생산에 처음으로 컨베어 시스템을 도입한 이후일 것이다. 컨베어 시스템 도입으로 생산된 '모델 T'는 자동차 1대 조립에 기존 6시간 걸리던 것을 1시간 40분으로 단축시켰다. 이후, 컨베어 시스템은 산업 전 분야에 도입되어 획기적으로 생산성을 높이게 된다. 컨베어 시스템은 분업이 기본이지만, 이는 각자가 맡은 부분을 잘해 내는 것을 기본으로 하는 협력 시스템이다. 컨베어 시스템 중에 어느 한 부분이 멈추면 컨베어 시스템 전체가 멈추기 때문이다. 이러한 면에서 컨베어 시스템은 협력을 통해 생산성을 획기적으로 향상시킨 대표적 시스템으로 평가된다. 이후, 컨베어 시스템은 거의 만능같이 여겨져 오다가 소비가 양에서 질로 변화하면서 다양한 방식으로 변화하게 된다.

컨베어 시스템이 자동차 생산에 도입되어 생산성을 획기적으로 향상시킨 동일한 시기인 1913년 프랑스의 농공학자인 링겔만은 실험을 통하여 집단에 속한 개개인은 집단이 크면 클수록 개개인의 집단 과업 수행 기여도는 감소한다는 것을 밝혀냈다. 줄다리기 실험을 했다. 혼자서 줄을 당길 때의 힘을 100이라고 했을 때, 둘이 줄을 당기게 하면 개인이 가지고 있는 힘의 93%, 셋이서 당길 때는 85%, 여덟 명이 당길 때는 49%의 힘밖에 발휘되지 않았다. 내가 아니어도 다른 사람이 힘을 발휘할 것이라는 기대로 인해 전체 구성원의 힘이 100%로 발휘되지 않았던 것이다. 여기서 발견되는 것이 사회적 태만이고, 이러한 현상을 '링겔만 효과'라고 한다.

컨베어 시스템같이 철저한 분업에 의한 협업 시스템에서는 내가 최선을 다하는지 아닌지가 명확히 드러나기 때문에 사회적 태만이 상대적으로 일어나기 어렵다. 하지만, 현재와 같이 수평적 협업이 대부분인 상황에서는 '링겔만 효과'가 상대적으로 나타날 가능성이 높다. 조직 내 프로젝트 성격에 따라 한 사람이 여러 개의 협업에 참여할 수도 있고, 한 프로젝트가 끝난 다음에 다른 구성원들과 프로젝트를 구성해야 하는 경우 등 다양한 상황에서 내가 최선을 다하는지 아닌지가 잘 드러나지 않을 수 있다. 그렇기 때문에 최선을 다해서 성과 창출에 기여했음에도 제대로 보상을 받지 못하면 불만이 생기고, 여러 개의 프로젝트에 참여하는 경우 어느 프로젝트에는 이름만 올리는 경우도 있다.

협업 즉, '팀플레이'를 어떻게 할 것인가? 현재 조직의 성과는 대부분 '팀플레이'를 통해서 창출되고 있으며, 앞으로의 시대는 '팀플레이'가 더 요구될 것이라는 것은 많은 학자들, 전문가들의 예측을 통해서 잘 알 수 있다. 어떻게 하면 '팀플레이'에서 '링겔만 효과'를 최소화하고 효과를 극대화할 수 있을까가 우리 모두에게 주어지는 과제이다. '팀플레이'에는 팀 구성부터 철저한 준비를 통해서 팀을 구성해야 한다. 팀 구성의 목적, 팀을 통해서 달성하고자 하는 목표, 팀 크기를 고려해야 한다. 또한, 팀원들의 역할을 명확하게 해야 하는 것이 원칙이다. 어디에나 똑같이 적용되는 공통의 룰은 없다. 팀을 구성해야 하는 상황에 따라서 충분한 협의가 선결되고 팀이 구성되어야 기대하는 시너지 효과, 성과를 볼 수 있다. 그렇지 않으면 팀 구성을 통한 효과를 기대하기 어렵다, 오히려 역효과가 날 수 있다. 같은 팀에서 협업했던 구성원들 간에 불신이 조성되는 것은 해당 프로젝트에서뿐 아니라 그 이후의 다른 프로젝트에서의 협업 시에도 부정적 효과를 낼 수 있기 때문에 중요하게 다루어야 한다.

팀플레이가 잘되고 성과를 내기 위해서는 팀에 참여하는 구성원들의 적극적 참여, 팀 내 구성원들 간의 구성원에 대한 배려, 개인의 이익 추구보다는 팀 목표 달성을 우선시하는 희생정신이 있어야 한다. 이런 것들이 팀플레이의 기본이 돼야 한다. 그래야 조직의 성과를 만들어 낼 수 있으며, 이는 결국 나의 성과를 만들어 내는 것이 된다.

4
어떤 상사(上司)를 원하는가?

상사(上司)란 말보다는 관리자, 매니저, 보스(Boss)라는 말이 더 친숙하게 들리기도 하지만 조직 생활을 하게 되면 원하든 원치 않든 반드시 만나는 것이 상사이다. 내가 오너(Owner)인 경우는 그렇지 않을 수도 있지만 말이다. 대부분의 사람들은 상사가 있는 경우가 상사가 없는 경우보다 훨씬 일하기 쉽고, 마음이 편하다고 느낀다. 왜 그럴까? 내가 내린 결정의 결과에 대한 책임은 상사가 지기 때문이다. 상사가 있음으로 해서 나는 책임으로부터 상당한 부분 자유로울 수 있다. 상사를 나의 바람막이, 방패로 삼아서 일하는 것은 전쟁 중에 튼튼한 성곽 안에 있는 것과 같다고 할 수도 있겠다. 상사가 있어 나의 안전과 성장이 가능한데, 이렇듯 상사를 만나는 것은 나의 조직 생활에 너무도 큰 영향을 주게 된다. 하지만 불행히도 내가 상사를 선택하는 것은 거의 불가능하고, 대개의 경우 나의 뜻과는 상관없이 결정된다. 그래서 상사와 마음이 잘 통할 수도 있고, 그렇지 않을 수도 있다. 상사가 나의 장점을 잘 살려 줄 수도 있고, 단점을 부각시킬 수도 있다. 훌륭한 상사를 만나는 것을 직장 운이라고 말하는 사람도 있다. 그렇기 때문에 모든 직장인들이 지휘 고하를 막론하고 퇴근 후에 상사를 주제로 삼아, 술자리를 가지며 스트레스를 푸는 것을 직장인의 운명이라고 할 수 있지 않을까? 내가 선택해서 들어간 조직인데 상사는 내 뜻대로 되는 것이 아니니 아이러니하다 할 수 있겠다.

조직 내에서 누구나 상사가 있지만, 나도 누군가의 상사, 선배라는 사실을 종종 잊어버린다. 자기중심적으로 생각하기 때문이다. 내가 바라는 상사의 모습은 내가 지향해야 하는 나의 모습과 동일하다. 내가 바라는 상사의 모습을 통해서 내가 어떤 모습으로 준비돼야 하는지를 생각해 보자.

직장인의 유형을 멍부, 멍게, 똑게, 똑부라고 비유적으로 설명하는 경우가 있다. 상사의 유형도 이와 비슷하지 않을까? 우리가 쉽게 접할 수 있는 첫 번째 유형은 굉장히 부지런하고, 열심히 하고, 철두철미한 유형이다. 이 경우 부하 직원들은 대개 '꼰대'라고도 부를 것이다. 여기에도 두 가지 유형으로 구분해서 볼 수 있다. 하나는 상사 자신의 승진과 성과 창출에 Focus를 맞춘다. '나의 성과가 그가 속해 있는 조직의 성과다'라고 하면서 부하 직원들에게 지시하는 일을 잘할 것을 독려한다. 그 경우 대부분 전체(일의 목적, 목표, 과정, 결과 등)에 대한 설명이 부족하다. 부하 직원들 입장에서는 전체에 대한 설명 없이 지시받는 것 중심으로 일해야 하다 보니 동기 부여가 부족하다. 또 하나는 상사 자신의 승진과 성과 창출에 Focus를 맞추지만, 부하 직원의 일 하나하나를 직접 챙기면서 Feedback도 준다. 부하 직원들 입장에서는 모든 일을 직접 챙기고 쉽게 넘어가는 경우가 없기 때문에 하루하루가 어렵다. 그래도 이 일을 왜 해야 하는지 전체에 대한 설명과 과정에 대한 Feedback이 있기 때문에 공감이 있고, 동기 부여가 된다.

두 번째 유형은 상사 본인이 열심히 하는 유형이다. 담당자 시절에는 본인이 담당했던 일에 대해 누구보다도 책임감 있고 성실하게 완수해 냈다. 그러한 성과를 조직으로부터 인정받았다. 팀을 맡은 이후에도 어떤 일이든지 본인이 해결하려고 한다. 팀원들에게 일을 분배하고, 팀원들의 일 진행 상황을 체크하는 것보다는 오히려 본인이 다 하려고 하는 유형이다. 이런 유형의 상사는 대개 연구 개발 부문에서 종종 볼 수 있다. 연구 개발자는 관리자가 돼서는 안 되고, 연구 개발 역량을 유지하기 위해 노력해야 한다는 원칙을 지키고자 하는 명분에서 비롯된다 할 수 있다.

세 번째 유형은 선생님 같은 유형이다. 부하 직원들은 항상 가르쳐야 하는 부족한 존재로 생각하고 하나부터 열까지 다 가르치려 한다. 내가 담당자였을 때는 이런 자세로 일했다. 이 일은 이렇게 해야 되고, 문서 작성에는 이런 단어를 사용해야 하고, 지적과 가르침이 끝이 없다. 부하 직원들이 보기에는 팀장으로서 주어진 일은 언제 하는지가 궁금할 정도이다. 아마 본인도 사원 시절 본인의 상사로부터 하나하나씩 지도를 받았을 가능성이 크다.

네 번째 유형은 부하 직원 일에 대해서 크게 관여를 안 하는 유형이다. 좋게 평가하면 자율 관리형이라고 할까? 일의 진행 과정에는 크게 관심을 두지 않는다. 결과에 대해서만 챙기고 평가를 한다. 결과가 좋은 경우 모든 것이 좋다. 결과가 좋지 못한 경우는 대부분 담당자가 어려움을 겪게 된다. 이런 경우 부하 직원들은 자율적으로 일하라고 하지만 결과에 대한 책임을 다 질 수 없기 때문에 상사에게 자발적으로 중간 과정에 대해서 보고를 하고 컨펌을 받으려고 하는 경향이 나타난다. 아니, 그것이 필요하다.

다섯 번째 유형은 의사 결정을 하지 않는 유형이다. 일의 추진 과정에는 반드시 중간중간 의사 결정을 해야 하는 사안들이 많이 있게 마련인데, 이때마다 생각 좀 해 보자, 검토해 보겠다, 유관 부서 검토 의견을 받아 보자, 과거 선례를 찾아보자 등 수많은 이유를 가지고 의사 결정을 미룬다. 신중함이라고 생각하지만 과도한 자원의 투입, 시간 낭비라는 생각을 버릴 수가 없다. 대부분 이런 경우는 상사가 일에 대해서 잘 모르거나, 자신이 없는 경우에 일어나는 현상이라고 할 수 있다. 그리고 의사 결정에 대한 결과를 두려워하는 것도 있다.

여섯 번째 유형은 일을 안 하는 상사의 유형이다. 대외 관계 등에만 신경 쓰고, 팀 내부 일은 부하 직원들에게 맡겨 놓으며 신경을 쓰지 않는다. 모든 일은 협력을 통해서 이루어지는 것이기 때문에 팀장은 대외 관계, 협력 등에 신경을 쓰는 것이 맞다고 생각한다. 팀 내부에서 진행되고 있는 일의 실무적인 사항에 대해서는 잘 알지 못하는 경우가 대부분이다.

여섯 가지 상사의 유형에 대해서 살펴보았다. 이러한 상사의 유형은 부하 직원 입장에서 살펴본 것이다. 부하 직원 입장에서는 내가 알지 못하는 상사에게 다른 일이 있는지, 어려움은 무엇인지, 일에 대한 책임과 일을 풀어 가려는 대안을 고민하고 Plan B를 생각했는지는 잘 모를 수 있다. 상사의 입장에 있기 전에는 알지 못하는 것들이 있기 때문이다. 여섯 가지 유형에 대한 평가는 여기에 없다. 각각 장단점이 있고, 조직 문화에 따라서 평가가 달라질 수 있기 때문이다. 여섯 가지 상사의 유형에 대한 평가는 각자의 몫으로 남긴다. 누구든지 완벽할 수는 없다. 부족한 점이 있다. 그래도 부하 직원 입장에서 '상사가 이렇게 하면 안 되겠구나'하는 것은 캐치해 낼 수 있었을 것이다.

대학에 처음 들어가 선배를 만났을 때 'A선배'는 존경스럽고 배울 점이 많다고 생각되는데, 'B선배'는 가능한 한 가까이하고 싶지 않고 보고 배울 것이 없다는 생각이 드는 데 시간이 얼마 걸리지 않았던 경험이 다 있을 것이다. 그리고, 그것은 'B선배'가 졸업할 때까지 바뀌지 않았다는 것을 말이다. 조직에서의 생활도 마찬가지이다. 내가 상사가 되는 것은 금방이다. 내가 가능한 한 피하고 싶고, 따를 것이 없는 상사의 모습이 나의 모습이 되는 것은 금방이다.

'어떤 상사(上司)를 원하는가?'

워크플레이스에서 부하 직원들의 롤 모델이 되는 상사가 내가 원하는 상사의 모습이다.

더 워크플레이스

5
어떤 부하(部下), 팀원을 원하는가?

부하(部下) 직원보다는 팀원, 동료라는 단어가 권위적으로 받아들여지지 않아 많이 사용되고 있다. 시대의 변화, 가치의 변화를 보여 준다고 할 수 있다. 여하튼 조직 생활을 하면서 때가 되면 누구든 부하 직원하고 같이 일을 하게 된다. 부하 직원 즉, 팀원과 팀플레이를 해야 성과를 낼 수 있다. 하지만 그 부하 직원은 내가 뽑을 수도 있지만 많은 경우는 나의 의지와는 상관없이 결정되니 성과 창출을 위한 최상의 팀이 구성되었다고 하기 어려울 수도 있는데, 이는 우리나라 기업 특성 중에 하나라고 할 수 있다. 지금까지 빠르게 성장하는 조직의 인적 자원을 공급하기 위해 대규모 공채를 실시해 왔고, 이를 통해서 각 조직의 필요 인원을 공급하는 시스템을 갖춘 데 기인한다. 기업들의 경영 환경이 변화하면서 지금은 팀장(상사)이 필요한 부하(팀원) 직원을 직접 채용하는 시스템으로 변화 중이다. 시장에서의 성과 창출 환경 변화에 대응하기 위해서 채용 방식이 변화하고 있는 것이다. 채용 방식의 변화에 맞추어 상사는 어떤 유형의 부하(팀원) 직원을 원할지 그 부하(팀원) 직원의 유형을 살펴보자.

첫 번째 유형은 실무 지식이 뛰어난 직원이다. 담당 분야의 전문 지식, 실력이 뛰어나다. 실무적으로는 어떤 직원과 비교해서도 뛰어나고, 일에서 일정한 부분은 본인이 알아서 판단하고 처리한다. 일의 완성도가 높은 편이다. 그래서 본인의 실력을 믿고 자신감이 강하며 상사(팀장)와 업무 협의 시 상사가 실무 지식이 부족하면 종종 무시하기도 한다.

두 번째 유형은 상사(팀장)의 지시라면 무조건 '예스' 하는 직원이다. 업무 지시와 관련해서 상사의 지시에 별다른 질문이나 의견이 없다. 상사(팀장)가 지시한 대로만 일을 수행하기 때문에 업무 지시를 할 때 일의 범위, 내용, 기한 등을 구체적으로 알려 주어야 한다. 어떤 경우는 부하 직원에게 일을 설명하기 위한 시간이 상사가 직접 일을 하는 것보다 더 걸리는 경우도 있다.

세 번째 유형은 지시된 일의 중간 진행 상황에 대한 보고가 없는 직원이다. 일의 진척 상황을 상사가 파악하고 있어야 하는데, 일의 진척도를 단계별로 상사에게 보고를 안 한다. 상사가 꼭 물어봐야 보고를 한다. 상사가 일의 진척도를 물어보는 경우 대부분 일이 일정(Milestone)에 따라 진행되지 않는 경우가 많다. 일의 문제점이 해결이 안 되고 쌓여 있다. 왜 보고를 안 했느냐고 하면, 곧 해결할 것이기 때문에 해결 후에 보고하려고 했다고 답변하는 경우가 대부분이다.

네 번째 유형은 벌리기를 좋아하고, 뒷수습이 잘 안되는 직원이다. 여러 가지 일을 벌이는 것을 좋아한다. 아이디어도 많고, 항상 자신감에 차

더 워크플레이스

있다. 그 직원에게 일을 맡기려면 일을 지시한 다음 중간중간 진행 상황을 직접 꼼꼼히 챙겨야 한다. 그렇지 않으면 예기치 못한 상황에 부딪힐 수 있기 때문이다. 예산 집행 내역이 정리가 안 돼서 낭패를 본다거나, 외부 협력 업체와의 업무 Scope가 제안서대로 진행이 안 되거나, 타 부서와 협력 시 과다하거나 과소하게 협력하여 실제 진행 시 문제가 발생하기도 한다. 대부분 본인 생각과 본인의 판단으로만 일을 진행하고 처리하여 이러한 문제가 발생한다고 볼 수 있다.

다섯 번째 유형은 일의 목적과 기한만 설명하면 스스로 알아서 일하는 직원이다. 일의 진척도도 중간중간 상사에게 보고하여 공유하고, 관련 부서와 협조 시 상사(팀장)의 역할이 필요하면 적기에 상사에게 보고하고 관련 부서의 협조를 받는다. 일의 완성도가 중요한지, 일의 기한이 중요한지를 잘 판단해서 일을 한다. 기한이 중요한 일은 완성도가 좀 떨어지더라도 기한 내 상사에게 보고를 하는 것이 중요하기 때문이다. 일을 맡기면 별로 걱정할 게 없다. 대인 관계와 팀플레이도 원활한 편이다.

여섯 번째 유형은 일의 성과가 잘 나지 않는 직원이다. 일을 지시하면 이해도가 떨어져 일을 믿고 맡기기가 어렵다고 생각된다. 현재하고 있는 일에 적합한 인물이라고 생각하기 어렵고 가능하면 다른 일을 찾아 주는 게 좋겠다고 생각이 드는데, 본인은 현재하고 있는 일에 만족하고 있다. 결국 일의 성과는 만족스럽지 못하다.

여섯 가지 부하(팀원) 직원의 유형에 대해서 살펴보았다. 여섯 가지 유형 말고도 다양한 유형의 부하(팀원) 직원이 있을 것이다. 여기서 살펴본 여섯 가지 부하(팀원) 직원의 유형은 상사 입장에서 살펴본 것이다. 상사 입장에서 내가 알지 못하는 부하(팀원) 직원의 다른 사정이 있는지, 어려움이 있는지 잘 모를 수도 있다. 부하(팀원) 직원 입장을 겪었지만, 상사가 되면 부하(팀원) 직원 입장을 잘 모르게 된다. 자연의 이치랄까? 상사의 유형 평가와 마찬가지로 부하(팀원) 직원 여섯 가지 유형에 대한 평가도 여기에 없다. 각각 장단점이 있고, 조직 문화에 따라서 평가가 달라질 수 있기 때문이다. 여섯 가지 부하(팀원) 직원의 유형에 대한 평가는 각자의 몫으로 남긴다. 누구든지 완벽할 수는 없다. 부족한 점이 있다.

상사와 선배는 후배와 부하(팀원) 직원을 지도할 의무가 있다. 이것이 사회 발전의 원동력이다. 세계적인 산악인 '엄홍길' 씨는 등반을 시작할 때 빼놓지 않는 의식이 있다. 등산화를 꼼꼼히 챙기는 것이다. 등산화 안에 있는 모래 한 톨이 위대한 등반을 망칠 수 있기 때문이다. 이렇듯이 하찮다고 생각할 수 있는 작은 일에서 큰일이 벌어지는 경우가 대부분이다. 조직에서 큰 성과를 이루기 위해 작은 실수가 일어나지 않게 하는 것은 상사와 선배의 책임이자 의무이며, 워크플레이스에서 부하(팀원) 직원의 유형을 떠나 부하(팀원) 직원에게 가르침을 주는 것이 우선이다.

'어떤 부하(팀원) 직원을 원하는가?'라는 이 질문이 유능한 부하(팀원) 직원을 만들고, 유능한 미래의 상사를 길러 내는 것이다.

6
서로 협력해야 한다

글로벌 사회는 산업혁명을 기점으로, 특히 3차 산업혁명을 거치면서 국가 간, 경제 블록 내 협력 체계가 강화되었다. 금융, 기술, 원자재, 생산 등 분야별로 강점을 갖는 국가가 출현하게 되고, FTA를 근간으로 하는 경제 블록이 공동의 이익을 추구하기 위해 다수 출현하였다. 이러한 협력 체계의 강화는 경제 효율을 극대화하는 장점이 있지만, 협력 체계 강화 속에서 주도권을 갖는 국가와 그렇지 못한 국가 간에 불평등이 생겨나게 되고, 갈등이 심화되면 분쟁이 발생하기도 한다. 국가 간에는 자신의 이익 추구를 최고의 선으로 판단하고 있는 한 이런 갈등이 없어지기는 쉽지 않은 것이 현실이다.

국가 내의 산업에서도 협력 체계 강화는 똑같이 진행되었다. 기업들은 자신의 핵심 역량을 바탕으로 경영 활동에 집중을 하게 되고, 그 외의 부분은 협력 체계를 통해서 자원과 기능을 공급받는다. 이에 따라 다양한 형태의 협력 체계가 존재하게 된다. 원자재를 공급받는 체계, 기능을 아웃 소싱하는 체계, 인력을 공급받는 체계 등 다양한 협력 체계가 생겨 났다. 그리고, 이러한 협력 체계는 국가 내의 산업이지만 한 국가에만 국한되지 않고, 글로벌하게 협력이 일어나게 된다. 작은 단위로 살펴보면 음식 배달의 협력 체계를 볼 수 있다. 이제는 음식점에서 직접 배달하는 경우는 없고, 배달 앱을 통해서 대부분 음식 배달을 한다. 좀 더 큰 단위를 보면 제품을 개발, 생산, 판매하는 조직과 설치 서비스하는 조직이 다른 경우이다. 글로벌하게 협력하는 경우를 예로 들자면 상품 기획은 한국에서 하고, S/W 개발은 인도, 생산은 베트남, 판매는 미국에서 하는 것이다. 이제는 이러한 협력이 너무도 자연스럽다. 이렇듯 지금은 나만의 협력 관계를 얼마나 잘 구축하고 있느냐가 그 기업의 경쟁력이 된 시대이다.

기업이 협력 체계를 잘 구축하는 것만큼 또 중요한 것이 있다. 협력 체계 안에 있는 기업, 조직들과 합리적인 관계를 유지해 나가는 것이다. 합리적인 관계 유지를 통해서 구축된 관계를 발전시킬 수 있기 때문이다. 합리적 관계를 유지해 나가는 데 있어서 중요한 점은 그 조직에 속해 있는 구성원들의 역할이다. 그 조직에 속해 있는 구성원들 각자가 협력 관계 업무를 담당할 때 합리적인 자세를 견지하는 것이 매우 중요하다. 조직 구성원 각자가 합리적인 자세를 견지하는 것이 조직 차원의 합리적인 관계를 유지하는 데 근간이 되기 때문이다. 특히, 의사 결정 주도권이 나에게 있다고 판단될 때 합리적인 자세를 가져야 하고, 합리적인 자세가 흐트러지지 않도록 더욱 조심해야 된다. 합리적인 관계의 바람직하지 않은 우리나라 대표적인 사례는 대기업과 중소기업 사이에서 종종 발생한다. 이러한 발생은 의사 결정 주도권을 남용하여 대기업이 소위 갑과 을

의 관계에서 갑의 위치로 인식하고 협력 관계를 정의하기 때문이다. 합리적인 관계로 정의하는 것이 아니라 말이다. 협력 체계 안에 있는 기업이나 조직은 그 규모의 상관없이 기여도에 따른 합당한 대우를 해야 한다. 그래야 상생하고 발전할 수 있다. 상생의 뜻이 무엇인가? '서로 북돋으며 다 같이 잘 살아감'이지 않은가? 또, 드문 경우지만 협력 관계에 있는 직원에게 예의에 어긋난 행동을 해서는 절대로 안 된다.

　기업, 조직 간의 협력 체계뿐 아니라 조직에 속해 있는 개인 간의 협력 관계 구축, 유지 또한 중요하다. 기업이 협력 관계하에서 경영 활동이 가능하듯 개인 또한 협력 관계하에서만 업무 수행이 가능하다. 나 혼자서 할 수 있는 일이 별로 없다. 조직에서 내가 담당해야 하는 일도 전체에서 일부분을 담당하게 된다. 우리가 조직 생활을 하면서 협력 관계가 좋은 사람이 있는 반면에 협력 관계가 좋지 않은 사람을 볼 수 있다. 협력 관계가 좋은 사람과 좋지 않은 사람의 역량 차이는 사실 별로 없다 하더라도 조직 생활 성과의 차이는 크게 나게 된다. 내가 혼자 할 수 있는 일이 없기 때문이다. 협력 관계가 좋은 사람의 성향 특성은 '열린 마음(Open Minded)'이다. 협력 관계를 좋게 하는 열린 마음은 상대방이 나에게 쉽게 다가올 수 있게 해 주고, 또한 나도 상대방에게 쉽게 다가갈 수 있게 해 준다. 이러한 열린 마음은 인정을 바탕으로 조직 내 개인 간 협력 관계를 만들어 가는 첫걸음이자 기본이 된다. 또한, 나의 동료를 경쟁자로만 보는 것이 아니라 나와 함께 가는 동반자로 생각해야 하는 것이 또한 필요하다.

혼자만 살아갈 수 없는 시대인 지금 상생협력(相生協力)은 조직 생활을 하는 우리가 꼭 새겨야 하는 무엇보다도 우선하는 가치이다. 기업 또한 상생협력(相生協力)을 이윤 추구의 목적에만 매몰되어 놓치면 안 되는 중요한 가치로 삼아야 한다. '빨리 가려면 혼자 가고, 멀리 가려면 같이 가라'라는 아프리카 속담이 있다. 다시 한번 다가오는 명언이다.

　　　　　　　　　　　　　　　　　　　　더 워크플레이스

7
멘토(Mentor)

　　대부분의 조직은 멘토제를 공식적으로 운영한다. 공식적인 교육 체계로 커버하지 못하는 조직의 노하우 전수, 리더십 배양, 조직 구성원의 정서적 보호를 목적으로 운영되는 공식적이지만 유연한 채널로서 말이다. 이 제도를 통해 새로 조직에 합류한 구성원들의 정착을 돕고, 업무 처리의 노하우를 전수하고, 고민을 공유하고 해결책을 같이 찾아보는 등 신규 구성원이든 기존 구성원이든 많은 부분에서 서로 도울 수 있다. 또한, 멘토제는 경영자의 여러 모습을 사전에 직접 경험하게 하는 등 조직 내부에 핵심 인재를 길러내는 Succession Plan의 중요한 요소가 되기도 한다. 이와 같이 조직 운영에 중요한 역할을 하는 것이 멘토제이다.

　　멘토제는 그리스 신화에서 유래한다. 오디세우스는 트로이 전쟁에 참여하기 전에 그의 아들인 텔레마코스의 교육과 집안의 모든 일을 그의 충실한 친구인 '멘토르(Mentor)'에게 맡긴다. '멘토르(Mentor)'는 아버지인 오디세우스가 없는 20년 동안 텔레마코스의 어려움을 함께 해결하고, 용기를 북돋아 주며, 훌륭한 청년으로 자랄 수 있도록 이끌어 준다. 이러한 역할을 해 줄 수 있는 '멘토르(Mentor)'가 멘토제의 핵심이고, 지금 우리가 만나야 하는 멘토가 아닐까? 내게 이런 '멘토르(Mentor)'가 있다면, 멘토가 있다면 얼마나 행복한 일인가?

우리는 살아가는 동안에 3명의 멘토가 필요하다. 조직에서 정해 주기도 하고 내가 의도하지 않아도 자연히 생기는 경우도 있겠지만, 내가 적극적으로 찾아 나서는 것도 좋은 방법이 될 것이다. 3명의 멘토를 구분해 보자. 우선은 내가 속한 조직 내의 멘토가 필요하다. 업무와 관련된 즉, Career Path와 관련된 멘토가 될 것이다. 다음은 조직 생활과는 다소 떨어진 외부에서 2명이 필요하다. 한 명은 세상의 변화를 알 수 있는 멘토가 되겠고, 한 명은 가족과 삶의 멘토이다. 물론 3명의 멘토가 정확하게 구분되지는 않을 수도 있다. 경우에 따라서는 조직 내의 멘토가 세상의 변화를 알려 줄 수도 있고, 조직 밖에 있는 멘토가 업무와 관련한 도움을 줄 수도 있다.

멘토는 경험상 약 10년 정도 선배로 찾는 것이 좋은 멘토를 만나게 될 가능성이 크다. 멘토와 내가 10년 이상 차이가 나게 되면 내 삶의 궤적에서 멘토를 관측하기가 어렵고, 빠르게 변화하는 시대에 현재와 괴리가 클 수 있기 때문에 실질적인 배움을 못 받게 된다. 그리고, 멘토와 내가 10년 이하로 차이가 짧으면 내가 볼 수 있는 눈높이와 멘토의 눈높이가 크게 차이 나지 않을 수 있어서 내가 받는 인사이트가 적을 수가 있다. 실질적으로 멘토의 역할이 없어질 것이다. 10년 정도면 Career Path에서도 내가 예측할 수 있는 범위에서 도움을 줄 수 있고, 삶에서도 은퇴 후의 삶을 준비한다고 하면 내가 40대일 때 50대에는 어떤 준비를 해야 하는지를 멘토를 통해서 알 수 있을 것이다.

조직 내에서 업무와 관련된 멘토를 찾는다고 하면, 멘토는 내 보고 라인에 있는 상사를 멘토로 정하는 것은 피해야 한다. 당연히 상사를 통해서 여러 가지 보고 배우는 점이 있겠지만 멘토로서는 적절치 않다. 매일 부대끼면서 생활하는 사이에는 객관적인 사실에 입각하여 객관적으로 조언을 해 주기란 쉽지 않다. 운전 연습을 친한 사이에는 피하는 것과 비슷한 이유일 것이다. 내 업무와는 직접적인 관계가 적은 선배를 멘토로 찾는 것을 권한다. 나보다 10년 정도 선배면 내 업무와는 직접적인 관계가 적다고 하더라도 돌아가는 상황에 대한 지식과 이해는 충분히 있을 것이고, 내 업무와는 직접적인 관계가 적기 때문에 내 업무와 관련해서 객관적으로 평가해 주고, 조언을 해 줄 수 있을 것이다. 이러한 객관적인 평가나 조언은 나의 감정 소모도 상당히 적고, 편하게 받아들일 수 있다는 측면에서 또한 좋다. 그리고, 멘토는 내가 판단해서 직접 요청하면 대부분은 받아 줄 것이다. 자신을 보고 배우겠다고 하는데 마다하는 사람은 멘토가 될 만한 인재는 아니지 않을까?

조직 밖의 멘토는 내가 지금 하고 있는 일과는 상당히 분야가 다른 쪽에서 찾는 것이 좋다. 세상은 다양한 요소들이 결합되어 돌아가는데, 조직에 속해 있는 나로서는 내가 속한 조직을 통해서 세상을 보는 게 대부분일 가능성이 크기 때문에, 이것을 보완하기 위해서는 다양한 분야에 대한 관심을 계속 가져야 한다. 그러한 측면에서 내가 속한 조직, 일과는 상당히 분야가 다른 쪽이 나의 부족한 부분을 채워 줄 것이다. 다른 분야의 사람은 어떻게 만날 수 있을까? 내 주변을 적극적으로 돌아보면 충분히 그럴 만한 사람을 멘토로 찾는 것은 어렵지 않은 것이 요즈음 시대이다. 가족이나 삶의 멘토는 좀 더 인간적으로 교류할 수 있는 멘토가 될 것이다. 삶의 가치관이 크게 차이 나지 않는 차원에서 가족들까지도 함께 교류할 수 있으면 더 좋겠다. 삶의 큰일, 작은 일들을 공유하면서 지혜를 터득할 수 있고, 자녀가 있다면 자녀들도 교류하면서 같이 성장할 수 있을 것이다. 다만, 조직 밖의 멘토는 나에게 일방적으로 수고를 제공해 주길 기대하는 것이 어려울 수도 있다. 그래서, 멘티인 나도 멘토에게 보상할 수 있는 무엇인가를 갖추어야 그 관계가 유지되고, 튼튼해질 수 있다. 멘티인 내가 멘토에게 보상할 수 있는 무엇인가는 각자가 고민해야 할 몫이다.

세상엔 보고 배울 것이 많다. 나에게 주어진 것뿐 아니라, 내가 찾아서 배울 때 더 의미 있을 것이다.

8
순수 아닌 다양성

초대 국립생태원장을 지내고 생태학자인 최재천 교수는 한 강연에서 'Nature abhors a pure stand(자연은 순수를 혐오한다)'라는 영국 생물학자 윌리엄 해밀턴의 말을 소개한 적이 있다. 여기서 순수는 도덕적 순수성을 부정하는 것이 아니라 자연에서의 순수 즉, 다양성이 결여된 상태를 말하는 것이고 이는 질병을 일으키게 된다는 의미이다. 자연은 유전적 다양성이 결여될 때 우리에게 재앙에 가까운 결과를 보여 준다. 그 종(種)이 생존을 지속해 나가는 것을 허락하지 않고, 결국은 멸망하게 된다. 이러한 사례는 인류의 역사에서도 볼 수 있다. 로마 제국은 황실의 순수성을 지키기 위하여 친족 간의 근친혼을 하였고, 합수부르크 왕조에서도 순수 혈통을 지키기 위한 근친혼을 하였던 것이 제국을, 왕조를 부흥시킨 것이 아니라 결국은 제국을, 왕조를 무너뜨린 결과를 초래하게 됐다. 자연에서도 당연히 다양하게 섞여야 그 종(種)이 잘 유지되고, 발전해 나갈 수 있다. 이러한 이치는 우리 사회도 마찬가지임이 자명하다. 사회 또한 다양성이 확보되어야 건강한 사회로 유지, 발전해 나갈 수 있다.

우리가 살고 있는 지금 이 시대는 과거의 어떤 시대보다도 세계가 하나로 묶이는 시대이다. 과거 대륙별로 문명이 발상했고, 각각의 문명은 그 나름 특성을 가진 채 발전해 왔다. 하지만 현재는 글로벌이라는 단어가 그 어느 때보다도 밀착되게 우리에게 다가왔듯이 모든 것이 하나로 점점 더 공고해지고 있다. 모든 것이 상호 영향을 주면서 작용을 한다. 경제가 그렇고, 문화가 그렇다. 정치가 그렇고, 사회가 그렇다. 대표적으로 우리가 겪고 있는 코로나 바이러스가 그 모습을 너무도 잘 보여 주고 있다. 어느 나라, 어느 한 곳 영향이 없는 곳이 없다. 그리고, 어느 한 곳에서 끝날 문제가 아니다. 전 세계가 힘을 모아야 코로나 바이러스를 끝낼 수 있을 것이다. 어느 하나도 글로벌적으로 영향을 주지 않는 것이 없는, 하나로 묶이는 이러한 과정을 겪으며 세계는 일정한 부분에서 역사의 발전에 역행하는 과도기의 갈등도 보여 주고 있다. 기존의 패권을 유지하기 위해 국수주의 정책을 펼치고, 이것이 국민들에게 호응을 받는 것이다. 하지만 이것은 결국 글로벌이라는 환경하에서의 다양성을 저해하는 요소가 되고, 국수주의를 추구하는 나라는 패권을 놓치고 싶지 않으나 결국은 국수주의로 인하여 다양성을 포기하는 결과로 패권을 잃게 될 것이 자연의 이치이다.

이종 간의 결합은 새로운 가치를 만들어 낸다. 경계가 없다. 가상의 세계와 실제의 세계가 혼재한다. 이런 것들이 다 조직의 다양성을 요구하는 표현일 것이다. 조직에 다양성이 없다면 이런 문제들에 대해 해결책을 찾을 수도 없다. 해결책을 찾지 못하는 조직은 또한 존재하기 어려울 것이다. 조직의 다양성은 우리의 현재, 미래를 위해서 우리가 끊임없이 추구해야 할 가치이다. 하지만 아직은 갈 길이 멀다. 단적으로 현재 우리는 다른 문화에 들어가서 일하는 것은 가능하나, 다른 문화에서 우리 조직에 들어와 일하는 것은 쉽지 않다. 다양성을 표방하면서도, 글로벌 조직이라고 하면서도 다른 문화의 사람을 받아들이지 못하는 것이다. 표면적으로는 받아들인다고 하나 실질적으로는 받아들이지 못하는 것이다. 우리나라 조직 중에 이러한 예를 찾기 쉽지 않은 것이 현실이고, 안타까운 일이다. 세상이 그것을 기다려 줄 수 있는 시간이 그렇게 많아 보이지는 않으니 말이다.

개인도 마찬가지이다. 과거의 결정이 현재와 미래를 결정한다고 하지만 과거의 판단을 기준으로 현재의 판단을 바꾸지 않는 경우가 너무 많다. 또는 진영의 논리에 빠져서 자기의 판단을 남에게 의존하는 경우도 많다. 조직 구성원이라는 명분하에 기업에서 추구하는 방향에 무조건 동조하는 것, 이것은 현재 가치 창출은 가능하나 미래 가치 창출에는 한계가 있는 일일 것이다. 최고 경영자가 그렇다면 더욱 우리의 미래를 보기 어려울 것이다. 또 소신, 주관이라는 명분하에 내 판단을 고집하는 일들은 나의 다양성을 저해하는 대표적인 것이다. 나의 판단을 고집하지 않고, 어떠한 생각도 배척하지 않고 받아들이려는 자세가 다양성을 갖추기 위해 그 무엇보다도 우선하는 요소일 것이다. 조직에서 특히 책임자가 지위의 고하를 막론하고 가감 없이 의견을 받아들일 수 있다면 그 조직의 다양성은 획기적으로 갖추어질 것이다. 하루빨리 꼰대라는 단어가 사라져야 한다.

다양성을 인정하고, 다양성을 받아들이고, 다양성을 추구할 때 우리는 경계를 넘나들 수 있다. 그래야만 내가 다른 사람에게 갈 수도 있고, 다른 사람이 나에게 올 수도 있다. 지금 우리는 다른 사람에게 가는 것만 가능하다, 하루빨리 다른 사람이 나에게 편하게 올 수 있도록 해야 한다. 두 가지가 다 가능해야 한다. 순수한 마음으로, 순수한 자세로 받아들이는 '순수'가 필요한 시대이다.

9
큰 나무 아래 큰 그늘

산이 높으면 골이 깊다라는 말이 있다. 높은 산이 당연히 깊은 골을 만든다. 깊은 골은 헤아릴 수 없이 많은 것을 품고 천천히 필요한 만큼씩만 세상에 내줌을 뜻하는 좋은 뜻일 것이다. 그렇듯이 큰 나무는 큰 그늘을 만든다. 작열하는 태양이 뜨거운 여름날 큰 나무 그늘 아래에서 햇볕을 피할 수 있다면 얼마나 시원할까? 큰 나무는 비바람이 불 때 든든한 버팀목이 되어 주기도 한다. 우리는 조직 생활 중에 높은 산과 같은 존재, 큰 나무와 같은 존재를 만나게 된다. 무엇이든지 후배와 부하 직원을 위해서 내주는 상사, 그리고 후배와 부하 직원이 잘 성장할 수 있도록 보호막이 돼 주고, 어려울 때 힘이 되어 주는 그러한 존재를 만나서 내가 기대고, 의지할 수 있다면 조직 생활에 큰 행운이고 복이다.

조직 생활을 능력 있고, 훌륭한 선배, 상사 밑에서 시작한다면 당연히 나의 조직 생활에 크게 도움이 될 것이다. 업무에 필요한 지식도 배울 수 있고, 경력 관리를 어떻게 해야 할지, 조직 생활을 하면서 어디에 중점을 두고 노력을 하는 게 좋을지, 또 내가 부족한 점에 대해서 코치도 받을 수 있고 여러 가지 면에서 말이다. 하지만, 언제까지 그렇게 도움을 받으면서 조직 생활을 할 수는 없다. 홀로서기를 해야 할 것이다. 큰 나무는 큰 그늘을 만들어 여러 사람을 쉬게 해 주고 보호해 줄 수도 있지만, 그 그늘 밑에 다른 나무가 자랄 수는 없다. 그것이 자연의 이치이다. 조직 생활도 마찬가지이다. 훌륭하고 역량 있는 상사에게서 보고 배울 것이 많지만, 그 밑에 계속 있는 것은 나를 독립적인 조직의 리더로 성장시키는 데 제한을 가져온다.

처음 조직에 합류하게 되면 업무를 부여받고 일을 시작하게 된다. 연구개발 부문이든 경영 지원 부문이든 일을 시작하게 될 때의 낯섦, 새로 배워야 하는 것은 마찬가지일 것이다. 소위 신입 사원 때 얼마나 잘 배우느냐가 조직 생활 전체에 걸쳐서 크게 영향을 주게 된다. 이것은 내가 그 조직에서 얼마나 인정받고, 어떻게 성장할 수 있느냐를 거의 결정해 주는 것이라고 말해도 과언이 아닐 것이다. 신입 사원 때 일에 대해서 제대로 배울 기회가 없다고 하면, 제대로 가르쳐 줄 수 있는 상사를 만나지 못한다면 나는 스스로 자수성가를 해야 한다. 두 배, 세 배는 힘든 일일 것이다. 거의 대부분을 내가 직접 해 보고 그것이 좋은 방법인지, 효율적인 방법인지, 어떻게 협업해야 할지, 어디 가면 얻을 수 있는지 등을 알아봐야 한다. 생각만 해도 어려움이 느껴진다.

언제 내가 홀로서기를 할 수 있을까? 요즈음은 조직마다 직급체계가 다양하게 변했지만 보통 조직에서 '과장(Manager)'이라고 호칭되기 시작하는 시점 즉, 조직에서 일하기 시작한 지 8년쯤이 되면 나는 주체적으로 일할 수 있는 역량을 갖추어야 하고, 갖추게 된다. 그래서 처음 이직하게 될 때는 조직에 몸담은 지 8년 정도는 지나야 한다. 그전까지는 배우는 단계, 과정이라고 생각하기 때문이다. 8년 정도 지나 내가 몸담고 있는 조직에서 주체적으로 일할 수 있을 때여야 다른 조직으로 옮겨서도 역량을 발휘할 수 있을 것이다. '과장'으로서 내가 주도적으로 일하게 되면 나에게 따라오는 책임 또한 내가 상상했던 것보다 훨씬 많다. 추진하는 일의 목표를 달성해야 함은 물론이고, 일정도 맞추어야 하고, 일을 수행하는 팀원들의 팀워크도 이끌어 내야 하고, 보고도 해야 하고, 후배들을 가르치는 일도 게을리할 수 없다. 쉽지 않은 일이다. 이러한 것들을 관리하면서 일을 수행해 나가기 위해 내게 필요한 것, 내가 주체적으로 일해 나가기 위해 이때 필요한 것이 '용기(Courage)'이다.

'용기'는 모르는 게 있으면 물어볼 수 있게 해 주고, 팀원들을 이끌고 나가기 위한 솔선수범을 보여 주고, 상사로부터 질책을 받아도 그것을 자기 부하 직원에게 전가하지 않고, 부하 직원을 사랑할 수 있게 해 준다. 이러한 것들은 '용기'가 없으면 할 수 없는 것이다. 이 '용기'를 통해서 나 또한 조직에서 큰 나무로 성장해 나갈 것이다. 큰 나무로 성장해서 그늘을 만들고, 그 그늘을 통해서 새로 조직에 합류하는 신규 구성원들을 보살펴 주고, 성장시킬 수 있다.

10
학벌(學閥)은 벌(Bee)이 아니다

A(知人)의 이야기이다. A는 정기 인사 이동 발표에서 개발 부서에서 개발 지원 부서로 이동을 하게 된다. 개발 지원 부서는 개발 현업 부서를 지원하는 부서로서, 하드웨어 설계 시 필요한 회로도를 CAD와 CAM를 이용해 그려 주는 개발을 지원하는 부서였다. 개발 조직에 소단위로 운영되던 기능(조직)을 통합해서 전문화하고, 시너지를 내고자 정기 조직 개편 시 개발 지원 부서를 신설하여 인사 이동을 실시하였다. 그 부서는 하드웨어 개발자들의 설계에 따라 회로도를 그리는 것인 만큼 고급 기술자가 필요로 한 것은 아니었다. 부서원 전원이 고졸과 전문대졸 출신자로 구성되어 있었다.

A는 내심 개발 지원 부서로 인사 이동을 원하지는 않았으나, 적임자가 본인밖에 없다는 설명에 개발 지원 부서를 맡을 수밖에 없었다. A가 개발 지원 부서로 발령받고 나서 지시받은 일은 조직 개편 시 취지에 따라서 통합된 지원 기능 조직의 전문성 제고와 혁신을 통한 원가 절감 방안

제출이었다. A는 난감했다. A는 박사 출신이었는데 여태까지 같이 일했던 연구원들은 대부분 석사 이상 출신자들이었다. A는 상사를 찾아가서 석사 이상 출신 연구원 몇 명을 추가 배치해 줄 것을 요구했다. 하지만 팀장인 상사는 현재 인원으로 성과를 내라는 말로, 우선 해 보고 이야기하자는 말로, A의 요청을 들어줄 수 없음을 이야기했다. A는 내심 불만이 있는 상태로 상사와의 면담을 끝내고 부서로 돌아오면서 '고졸, 전문대졸 직원하고 어떻게 일하라는 말이야?'라고 되뇌었다.

며칠을 고심했다. 회사 일이라는 것이 주어진 일을 안 할 수는 없는 터라 부서원들을 불러서 '시너지와 혁신'을 설명하고, 목표를 설정하는 Workshop을 실시하였다. A는 큰 기대가 없었다. '나는 여기서 성과를 내기는 힘들겠다'라고 속으로 탄식하면서 말이다. A는 Workshop이 끝나고 나서 뭔가 이상한 기분을 느꼈다. '나는 여태 선입견이 강하고, 나 중심으로 생각했던 사람이구나' 하는 생각이 들었던 것이다.

Workshop을 실시하면서 A가 시너지에 대해 설명하자, 참석한 부서원들이 모두들 적극적으로 발언을 하기 시작하고, 그동안 개발 부서의 작은 기능으로 존재했을 때 지원 기능 수행자로서 힘들었던 사례를 이야기하기 시작했다. 내가 이번에 그린 회로도는 다른 개발 과제에도 조금만 수정하면 그대로 사용할 수 있을 것 같은데, 다른 부서에서 진행하고 있는 개발 과제에서도 처음부터 회로도를 그리겠지? 부서장한테 다른 부서에 회로도를 공유했으면 좋겠다는 제안을 했으나, 많은 일이나 잘하라는 피드백을 받았다는 사례 설명을 들으니 너무도 간단하고 쉬운 일이었지만 여태까지 모르는 채 두고 있었구나 하는 생각이 들었다.

또 다른 참석자는 작성된 회로도의 이상 유무를 검사할 수 있는 장비 투자와 관련한 사례 이야기를 했다. 검사 장비를 투자하면 업무 효율이 30%는 향상될 수 있을 텐데, 개별 개발 부서 입장에서는 개발 장비 투자에 대해 필요에 따라 결정할 수 있지만 지원 업무와 관련한 장비 투자는 생산성이 낮기 때문에 투자를 할 수 없었다는 것이다.

그리고 한 참석자는 회로를 어떻게 배치하느냐에 따라서 제품 성능 효율에 상당한 영향을 주기 때문에 H/W 개발자들과 이러한 부분에 대해서 수시로 연구와 토의가 필요한데 개발 부서에 속해 있었을 때는 지원하는 입장이라서 어려웠다는 설명이었다. 회로 설계 시 어떤 부분을 개발자들에게 피드백하고, 설명하고, 토의하고, 연구해야 하는지에 대해서도 이미 생각이 있다고 했다.

A는 여태까지 신경 쓰지 않았던 부분들이다. 참석자들의 사례와 생각을 들어 보니 너무도 중요하고 의미 있는 내용들을 이야기하고 있었다. Workshop 이후 A는 지원 부서 일에 적극적으로 임했고, 회사에 큰 기여를 할 수 있었다는 이야기이다. 그 이후 A는 '학벌(學閥)이 일하는 것은 아니다'는 생각을 갖게 되었고, 쭉 탄탄대로를 걸었다. 상사에게 표현은 안 했지만 면담 때 우선 해 보라고 했던 말이 고맙게 생각되었다.

조직의 일과 관련해서 학벌(學閥)이 상징은 될 수 있으나 본질은 아니다. 석사, 박사 학위를 소지한 사람이 그렇지 않은 사람에 비해서 일의 성과를 항상 더 내는 것은 아니다. 일의 성과를 창출하는 것은 첫째, 일에 대해서 얼마나 진정성, 열정, 사랑이 있는가에 달려 있다. 내가 그 일을 진정으로 대하고 있는가가 성과를 좌우한다. 억지로 하는 일에서 무슨 성과를 기대하겠는가? 좋아하지 않는 일에서 무슨 성과를 기대하겠는가? 내가 희망해서 하는 일이 아니고 회사에서 주어진 일인데 어떻게 모든 일을 좋아할 수 있겠는가? 하고 반문할 수 있다. 맞는 말이다. 나에게 주어지는 일이 내가 희망한 것이 아니기 때문이다. 하지만 일에 대해서 진정성은 가질 수 있지 않은가? 그다음은 해 보면 알게 된다. 둘째, 현장에서의 경험과 노하우가 중요하다. 여기서 경험과 노하우라는 것은 단순히 경력이 오래되는 것을 말하는 것이 아니다. 일의 과정에 대한 이해가 있고, 이해를 바탕으로 개선점을 찾을 수 있는 능력이다. 단순히 오랜 경력자라고 해서 개선점을 찾을 수 있는 것은 아니다. 지혜는 지식으로부터 나온다는 말이 있다. 문제의식을 갖고 보고자 하는 마음이 있어야 개선점을 볼 수 있고, 찾을 수 있다. 이러한 개선점들이 쌓이면 조직에서 혁신이 이루어지는 발판이 된다. 셋째, 협력의 관점에서 접근해야 한다. 현재 모든 조직들은 기능적 분화를 바탕으로 일이 추진된다. 내가 담당하고 있는 일에 대해서만 생각할 때 부분 최적의 합(合)이 전체의 최적이 아닐 때가 종종 발생한다. 이러한 점은 4차 산업혁명 시대에도 여전히 중요한 일의 성과를 창출하는 요소이다.

열심히 꽃을 찾는 벌(Bee)은 꿀을 많이 따 온다. 학벌(學閥)은 꽃을 찾고 꿀을 따는 벌(Bee)은 아니다.

11
내 고과(考課)가 왜 이렇죠?

영리 조직이든 비영리 조직이든 모든 조직은 조직 구성원에 대해서 1년에 1번~2번은 고과를 하게 된다. 조직의 성격에 따라 고과를 하게 되는 방법과 내용이 다르지만 말이다.

비영리 조직도 그 조직의 목표에 따라 연간 달성 목표와 중장기 달성 목표를 설정하고 그 목표를 조직 구성원들이 어떻게 달성했는지를 평가할 수 있는 지표를 가지고 있다. 영리 조직 즉, 기업의 경우는 조직의 목표를 분야에 따라 명확하게 설정한다. 영업 부문의 경우 년간 매출, 손익 목표를 정하게 되고, 개발 부서는 제품 개발 품질, 납기, 개발 제품 수로 정할 수 있고, 제조 부문은 생산 납기, 생산 품질, 원가 절감률, 제품 불량 회수율로 정할 수 있다. 서비스 부문은 B/S, A/S 적기율, 친절도로 정할 수 있을 것이다. 경영 지원, 마케팅 등 간접 부문도 연간 목표와 중장기 목표를 설정하고 평가를 할 수 있다.

우리는 조직 생활을 통해서 성취를 해 나가고, 그 성취로 보람을 느끼고, 이것이 보통 우리의 인생이다. 이러한 과정에서 매년 1번~2번 다가오는 고과는 고과자나 피고과자나 항상 어렵고 힘들다. 대부분의 경우 고과자이기도 하고, 피고과자가 되기 때문에 더욱 어렵고 힘들다.

　우리나라는 아직까지 유교적 문화 기반을 토대로 움직이는 것이 의외로 많다. 표면적으로는 능력과 실적을 중시하는 제도를 운영하더라도 내면과 심리적으로는 연공서열에 대한 의식이 강하게 남아 있는 경우가 많다. 현재 대부분의 조직은 능력과 실적을 기반으로 하는 연봉제를 채택하고 있다. 국가 공무원 평가, 급여 제도도 연봉제로 운영되고 있으니, 대부분의 조직이 연봉제를 채택하고 있다고 보면 된다. 하지만 실제 평가자 즉, 고과자가 피고과자를 평가할 때 온전히 능력과 실적만으로 평가를 하기란 쉽지가 않다.

　부서장이 부서원을 평가할 때 A가 B보다 나이도 많고 입사도 빠른데 하는 생각이 들 때 A가 실적이 우수하더라도 B보다 평가를 높은 등급 주기가 쉽지 않다. 전임 부서장이 관례적으로 입사순으로 상위 평가 등급을 부여하고 이에 따라 승진이 이루어지게끔 부서 고과를 운영해 왔다고 하면 이를 변경하기가 쉽지 않다. 그 부서 전체의 실적도 보면 타 부서보다 실적이 우수하여 부서장이 상위 평가를 받았던 부서라면 더욱이 그럴 것이다. 공무원 조직은 연공서열적인 경향을 더 심하게 갖는다. 인사 내규상 정해진 지침과는 다르게 관례적으로 이번에는 누가 상위 고과를 받고, 어느 자리로 인사 이동을 하게 되고, 거기서 승진을 하게 되면 다음에는 누구 차례이고 하는 것이 거의 암묵적으로 정해져서 이해가 되고 있다. 평가 시 능력이 뛰어나고, 실적도 우수하여 상위 평가를 주고자 하면 본인이 그 평가를 고사하는 경우도 있다. 이번 평가에 그가 순번이 아닌데 상위 평가를 받게 되면 조직 내에 소문이 나게 되고, 뒷말을 듣게 돼서 조직 생활이 어려워진다는 것이다. 그래서 대부분의 경우는 승진 시기가 임박했을 때 일에 집중하고 성과를 내려고 하는 경우가 대부분이다. 아이러니하게도 이것이 조직 생활을 현명하게 하는 것이라고 생각하는 경우가 많다. 이러한 것을 보면 연공서열식 사고방식이 깊게 자리 잡아 변화가 쉽지 않다는 것을 볼 수 있다.

기업의 경우는 사례가 좀 다르지만, 저변을 지배하고 있는 의식은 크게 다르지 않다. 이번에 '코로나 사태'로 재택근무가 크게 늘어나고 확산되는 추세가 이러한 의식을 변화시키는 계기가 될 수도 있을 것이다. 이러한 의식 변화를 통해서 우리 사회가 좀 더 질적인 변화를 도모할 수 있으면 바람직하겠다는 생각이 든다. 하여튼 평가는 매번 이루어진다.

평가 결과 피드백 면담 기간 중에 부서원이 찾아와 '내 고과(考課)가 왜 이렇죠?' 하고 면담을 한다면 부서장은 어떻게 설명할 수 있을까? 이러한 면담을 하게 되는 경우는 대부분 능력과 실적보다 다른 요소를 평가에 반영하였을 것이다. 본인이 달성한 실적보다 저평가를 받았을 때 이의를 제기하는 면담을 하게 되는 경우가 대부분이기 때문이다. 부서장은 면담 신청 부서원에게 열심히 설명하지만 부서원이 수긍을 하기는 쉽지 않다. 최종적으로는 부서장이 '나도 힘들다. 이해 좀 해 달라'라고 인간적으로

더 워크플레이스

호소하는 경우도 많다. 얼마나 궁색한가? 이러한 장면을 피하기 위해서는 고과 시에 무엇보다도 '첫째, 실력과 능력', '둘째, 조직에 대한 로열티를 바탕으로 한 적극성', '셋째, 미래 성장 가능성. 넷째, 부정이 없는가' 하는 것을 기준으로 삼아서 고과를 해야 할 것이다. 고과자들이 이러한 기준을 근거로 평가를 할 때 우리 조직, 사회가 질적인 변화를 도모해 나갈 수 있다.

'내 고과(考課)가 왜 이렇죠?' 하고 면담을 하는 경우에 객관적으로 실적과 능력이 부족해도 상위 고과를 부여해 줄 것을 주장하는 경우가 있다. '이번에는 내 차례이다, 지난번에 양보를 했다, 이 일을 잘했다'라고 주장을 한다. 객관적인 근거를 제시하지 못하는 경우가 대부분이다. 그 경우에도 피고과자는 연공서열적인 의식에 기대고 있기 때문에 이해와 수긍이 쉽지 않다. 이러한 장면을 피하기 위해서도 고과자는 고과 시에 위에서 제시한 4가지 기준을 근거로 정확하게 평가, 고과를 해야 한다. 이러한 노력이 조직의 성과를 창출하고, 우리 전체의 파이를 키워 줄 것이다.

우리 사회에서, 우리 조직에서 '내 고과(考課)가 왜 이렇죠?' 하는 질문을 없애 보자!

12
나를 표현하고 드러내야 한다

      미국 펜실베이니아 주립대 사회학과 교수인 Sam Richard는 세계에서 경쟁력을 갖추기 위해서 어떻게 해야 하는가에 대해서 강의를 하면서 그 예로서 강의 시간에 동서양의 문화 비교 실험을 진행한 적이 있다. 실험 내용은 수업에 참가한 학생들 중에 미국 학생과 한국 학생을 자원 받아 질문에 답변하게 하는 형식으로 진행했는데, 자원한 두 학생을 강의실 밖으로 나가게 하고, 강의실 학생들에게 동서양 문화 특성을 비교하여 설명한다. 그 내용은 이렇다. 동양의 문화 특성은 '자신의 능력을 과소평가하고, 잘하지 못하는 일에 초점을 맞추고, 자아성찰을 통해서 발전시켜 나간다', 반면에 서양의 문화적 특성은 '자신의 능력을 과대평가하고, 잘하는 일에 초점을 맞추고, 높은 자부심으로 삶을 성공으로 이끌어 나간다'라고 설명한다. 그리고 실험에 자원한 두 미국 학생과 한국 학생을 강의실로 다시 들어오게 하고, 동서양 문화 특성에 대한 설명을 듣지 않은 상태에서 교수의 질문에 답변하게 된다. 교수의 질문에 미국 학생은 잘하는 것이 여러 개 있고, 학점도 우수하고, 테니스도 잘 친다고 하면서 적극적으로 자신을 표현한다. 하지만, 한국 학생은 여러 가지 부족한 점이 많고, 앞으로 더 잘하고 싶다고 답변한다. 학점도 그렇게 좋은 편은 아니라고 한다. 그러나 한국 학생은 펜실베이니아 주립대 4년 과정을 2년 만에 졸업하게 될 우수한 학생이라는 사실로 모두를 놀라게 한다.

우리는 예로부터 겸양을 미덕으로 삼아 왔고, 조직 사회에서는 군자의 자질로 즉, 리더의 첫 번째 자질로 여겨 오면서 따랐다. 공자(孔子) 말씀에도 '내가 아는 것이 있겠는가, 아는 것이 없다'라는 구절(《논어 자한편》)이 나온다. 알아도 아는 체를 안 하는 것이 미덕인 것이다. 나를 낮춤으로써 다른 사람을 포용하고자 한 것이다. 이것이 우리 사회에서는 아직 그 사람의 좋은 자세로 여겨지고 평가된다. 특히, 나이가 어린 경우에는 알아도 아는 체를 안 하는 것이 현명한 처신으로 여겨진다. 잘못 아는 체를 했다가는 '어린 것이 버릇이 없다, 지가 알아야 얼마나 안다고 나대느냐?'라고 핀잔을 받을 가능성이 크기 때문이다. 겸양이 우리 사회에 좋은 문화로 작용함과 동시에 우리 사회의 발전을 저해하는 요소로도 작용하고 있는 것이다. 이것은 우리 사회에서, 조직에서 자신의 지식을 바탕으로 정당하게 의견을 개진하는 것도 방해하게 된다. 이러한 문화적 유산은 많이 좋아졌다고 하지만, 우리 사회가 지속적으로 개선해 나가야 할 숙제인 것이다.

겸양의 문화가 글로벌 사회에서도 미덕이라고 할 수 있을까? 겸양의 미덕을 발휘한 결과 펜실베이니아 주립대 한국 학생같이 자신의 능력을 과소평가하고, 그것을 세상에 잘 드러내지 못하고, 나서지 못하게 하는 건

아닐까? 지금 기업들은 어느 기업이나 글로벌적으로 경쟁하고 협업한다. 또 우리 많은 인재들이 글로벌 기업에 속해서 치열하게 일하고 있다. 특히, 글로벌 기업에 속해서 치열하게 일하고 있으면서 '내가 최선을 다하고, 열심히 했으면 됐지', '언젠가는 내가 열심히 한 것을 조직이 알아줄 거야' 하고 자족하면서 겸양의 미덕을 발휘하는 것이 좋은 자세일까? 같은 조직에 속해 있는 다른 사람들은 자신의 조그만 역량이라도 당당하게 어필하고, 성과를 내게 되면 당연히 조직에서 인정해 줄 것을 당당히 요구하는데 말이다. 세계적인 글로벌 기업들의 최고 경영층에 인도나 중국계 인재들이 눈에 많이 띈다. 반면에 우리 인재들은 눈에 많이 띄지 않는다. 겸양의 미덕 때문 아닐까?

우리는 지정학적 영향으로 좁은 지역에 많은 사람이 살아야만 했다. 이런 환경에서는 서로 양보하고 낮추는 것이 서로의 삶을 지켜주는 현명한 삶의 방식이었을 것이다. 반면에 대륙에 속해 있는 민족, 국가들의 삶의 방식은 전쟁을 통해서 자신을 드러내고 정복을 하는 것이었다. 그렇기 때문에 그들은 자신을 드러내고, 성과를 당당히 요구하는 것이 너무도 자연스러운 것이었다. 이제 우리는 지리적 한계를 뛰어넘는 시대에 살고 있다. 기술의 발전이 그것을 가능하게 만들었다. 그래서 우리는 세계를 향해서 도전을 했고, 지금도 하고 있다. 도전을 통해서 우리는 많은 것을 성취하였고, 또 이루어 가는 중이다. 건설 사업이 불가능을 가능하게 했고, IT 산업이 세계를 제패하고 있다. 스포츠에서 세계를 제패하고, 음악에서 세계를 제패하고 있다. 세계가 놀라는 성과이다. 겸양의 미덕보다는 스스로에게 자신감을 갖게 하고, 도전한 결과라 자신 있게 이야기할 수 있다.

하지만 아쉬운 게 있다면 글로벌 조직에서 구성원으로서 자연스럽게 같이 어울리며, 최고 경영층으로 성공한 경우는 아직 그리 많지 않다는 것이다. 개인적인 역량의 우수성, 성실성을 감안한다면 다른 분야에서 성과를 내고 있는 것에 비해 많지 않은 것이 의아할 정도이다. 여기에는 여러 가지 이유가 있겠지만 문화적 특성에 기인하는 것이 제일 크다고 생각된다. 조직에서 주어진 일에 최선을 다해서 해내기, 안 되는 것도 해 보려고 하는 자세, 늘 성실한 자세 가지기 등은 조직 구성원으로서 너무도 필요하고 좋은 자세이다. 이 경우 대부분 고성과자(High Performer)가 될 것이다. 하지만, 실무자로서 인정받는 것과 최고 경영층으로 성장해 나가는 것은 게임의 룰(Rule)이 다르다.

자신의 의견을 조직에 적절하게 피력할 줄 알아야 한다. 군이 양보할 필요가 없다. 뒤에 남아 있을 필요가 없다. 앞으로 나서야 한다. 내가 이렇게 행동하면 다른 사람이 불편해하지 않을까를 너무 의식할 필요가 없다. 예의를 갖추는 것은 당연하지만 전쟁의 문화가 흐르는 글로벌 조직에서 겸양의 미덕은 조직을 살아가는 미덕이 아니다. 글로벌하게 경쟁하며 협업하고 있는 과정에서 우리 기업도, 그 기업에 속해서 일하고 있는 우리도 이제는 겸양의 미덕을 너무 내세울 필요는 없는 시대가 됐다.

나를 적극적으로 표현하고 드러내야 한다!

13
세대 차이는 어디에 있는가?

한 세대(Generation)는 고전적인 분류 기준으로 보면 약 30년간의 차이를 갖는다. 즉, 부모님과 나를 생각하면 한 세대가 차이가 난다고 할 수 있다. 그것이 보통 세대 간의 차이를 만들고, 세대 간에 차이가 있다고 얘기하는 것이다. 하지만 지금은 그런 것이 의미가 없어졌다고 해도 과언이 아니다. 세대를 특징하는 분류들은 너무도 다양하다. 가장 대표적인 베이비부머 세대로부터 X(베이비부머 이후) 세대, Y(뉴 밀레니엄) 세대, Z(1990년 중반~ 2000년 초반) 세대, W(월드컵) 세대, C(유튜브) 세대, T(터치) 세대 등 다양한 방식으로 세대를 특정하고, 규정하고자 한다. 이러한 세대들은 서로 이해하는 데 상당한 간극이 있고 행동 양식에 있어서 차이를 갖는다. 이러한 세대 간의 간극, 차이는 동시대를 살아가는 사회 구성원으로서 세대 간 불필요한 소모를 일으키고, 갈등을 유발하는 요인으로 작용하기도 하지만, 서로 다른 세대는 서로를 통해서 새로운 창조성을 가져다 주는 효과도 크다고 본다.

세대 간의 차이는 어디에 존재하는 것일까? 세대 간 서로 이해가 어렵다고 할 때 그 차이는 어디에 있는가? 경험을 인식하는 구조와 방식의 차이에 기인한다고 볼 수 있다. 베이비부머, X 세대를 보자. X 세대는 산업화와 민주화를 거친 세대로서 베이비부머보다 훨씬 경제적으로 풍요로웠으며, 자기 자신의 표현이 강한 세대이지만 경험을 인식하는 측면에서는 베이비부머 세대와 동일하게 연대기적으로 생각하는 경향을 갖는다. 즉, 베이비부머, X 세대는 경험은 시간의 경과에 따라 축적되는 것이고, 자신의 경험을 중요하게 생각한다. 또한, 지식의 습득도 대부분 책을 통해서 얻는 것을 바람직한 것으로 생각한다. 하지만 이후 세대인 Z, C, T 세대들은 경험을 연대기적으로 축적되는 것이라고 생각하지 않는다. 특히 이 세대들은 유튜브 세대라고 할 수 있을 정도로, 스마트폰 보급 이후 유튜브의 출현으로 글이나 말보다는 영상에 친숙한 세대이다. 태어나면서부터 스마트폰 터치를 경험하였으며, 유튜브 등 플랫폼을 통해서 지식을 습득하고, 쇼핑을 하고, 음악을 듣고, 소통을 한다. 플랫폼을 통해서 언제든지 다양한 분야의 경험을 나의 경험으로 만들 수 있다고 생각한다. 이렇듯 경험은 내가 꼭 직접 할 필요는 없다.

'책을 읽어야지', '인터넷 기사보다는 신문을 읽어야지', 조직에서 업무를 할 때도 '직접 만나서 협의를 해 봐야지', 이메일보다는 '얼굴 보고 회의나 보고를 해야지' 등등의 행동 양식들은 X 세대까지는 이해되고 공감이 된다고 하더라도, 그 이후 세대에게는 '꼭 그렇게 해야 돼요', '왜 그래야 돼요?'라는 반문을 일으키게 된다. 그러면 '요즘 사람들은 세상을 너무 쉽게 산다', '그래서 무슨 성과가 있겠느냐?', '열심히 하는 것 같지가 않다', '그래서 공부가 되느냐?' 하는 반문을 다시 하는 게 그 이전 베이비부머, X 세대들이라고 할 수 있다. 어떻게 이 간극을 좁힐 수 있겠는가? 시간을 되돌릴 수는 없다. 현재와 미래의 세대가 과거의 세대로 되돌아가서 과거의 세대를 이해하여 간극을 줄이는 것은 거의 불가능하다고 하겠다. 과거의 세대가 앞선 세대의 변화를 수용하고, 이해하려 노력해야 한다. 조직에서 은퇴의 시기가 점점 더 빨라지고 있는 것을 세상만 탓할 수는 없지 않은가? 현재와 미래 세대를 받아들이려는 이해와 노력만이 개인적인 차원에서도 세상에 오래 존재할 수 있다.

세대 간의 차이는 어디에 존재하는 것일까? 다음으로 생각할 수 있는 것은 자신을 인식하는 방식에 차이가 있다는 것이다. Z, C, T세대들은 자기중심적으로 자신을 인식한다. 당연히 사회 구성원으로의 인식도 있지만, 자기중심적으로 자신을 인식하는 것이 우선이다. 그 이전 세대들은 자신을 생각하지만, 자신보다는 조직이 우선이고 공동체가 우선이다. 가족의 경우를 보더라도 자신보다는 가족을 먼저 생각하고, 가족을 기준으로 의사 결정을 한다. 조직에서도 마찬가지이다. 조직이 잘돼야 내가 잘된다는 인식이 기본이다. 그렇기 때문에 조직에 헌신을 하는 것을 미덕으로 생각하고, 조직과 관련된 일은 무엇보다 우선한다. 예를 들어 부서회식을 하더라도 개인 사정은 다 뒤로하고 부서원 전원이 참석하기를 희망한다. 일이 있으면 야근이나 특근을 당연하다고 생각한다. 법으로 규제하는 것도 내심 못마땅한 경우가 많다. 그리고 대면으로 일하는 방식을 좋아한다. 반면에 Z, C, T 세대들은 회식을 하더라도 '내가 가고 싶지 않으면 안 가는 것'이다. 회식은 업무 성과와 관련이 없다고 생각한다. 정해진 근무 시간 중에 집중해서 일을 마무리하는 것이 맞지 야근이나 특근을 왜 하는지 이해가 안 된다. 이렇듯 자신을 인식하는 데 여러 측면에서 차이가 있다. 이는 가치의 중심을 어디에 두느냐의 차이지 옳고 그름의 문제는 아니다. 가치의 중심이 어디에 있느냐를 옳고 그름으로 판단하려는 경향이 세대 간의 차이를 발생시킨다.

'노후를 위해서 저축을 해야 한다'라고 말할 때, '젊을 때 인생을 즐겨야죠'라는 대답이 돌아온다. 현실적으로 저축을 해서 집을 장만하기도 어렵고 생활이 빠듯하기 때문이기도 하다. 하지만, 이렇게 생각하는 데에는 다음과 같은 인식이 있다. 인생의 총 길이를 봤을 때 내가 건강하고 자유로울 때 인생을 즐기는 것이, 불확실한 미래 노후의 즐거움보다 동일한 투입(Input)으로 효과가 훨씬 크기 때문이라는 인식이 있는 것이다. 동일한 투입에 더 큰 즐거움(Output)을 낼 수 있는 시기(Time)에 자원을 투입하는 것이 당연한 것이다. 그러면 인생의 총 즐거움 크기가 커진다는 인식이 있다.

고대부터 현재까지 존재하고, 앞으로도 존재할 것이 세대 간의 차이이다. 당연히 존재할 수밖에 없다. 세대 차이는 어디에 있는가? 가치(Value)의 문제가 아니다. 인식(Awareness)의 차이이다.

14

Binge Watching, Binge Working

Binge Watching는 폭식하다, 폭음하다의 Binge와 보다의 Watching이 결합된 말로 단기간 내에 콘텐츠를 몰아서 보는 것을 뜻한다. 우리나라 말로는 '정주행'이 여기에 해당된다고 할 수 있다. 콘텐츠를 공급하는 방식이 IP TV나 넷플릭스의 등장으로 콘텐츠를 소비하는 방식도 바뀌게 되면서 생겨난 말이다. 이제 우리는 콘텐츠 소비에 장소와 시간의 제약을 받지 않고, 내가 원하는 장소와 시간에 내 취향에 따라서 콘텐츠를 소비할 수 있다. 기술의 발달이 생활 방식, 문화를 바꾸는 대표적인 예이다.

기업에서 일하는 방식도 많은 변화를 겪고 있다. 작업자가 있고 감독자가 있던 시대에서 근로자와 관리자가 있던 시대로, 다시 기업의 구성원 모두가 프로로 구성되는 시대에 이르렀다. 출퇴근 시간을 중요하게 관리하던 시대에서 자율 출근 시대로, 다시 근로 시간을 각자가 관리하는 시대로 바뀌었다. 업무 지시와 수행이 중요하던 시대에서 스스로 알아서 일하는 시대로 바뀌었다. 최근에는 코로나 영향으로 스스로 알아서 일하는 재택근무가 확산되고 정착되는 추세이다. 학교도 온라인을 바탕으로 한 수업이 실시되고, 학교 시험뿐 아니라 입사 시험도 온라인으로 치르는 시대이니 급변하고 있다고 해도 과언이 아니다.

'기업에서의 일하는 방식이 변화하고 있다'라고 할 때 기업 차원의 구조적인 변화를 도모하는 것뿐 아니라 구성원 각자가 스스로 일하는 방식의 변화를 추구하고 있다는 것을 의미하는데, 이러한 변화는 부가 가치 창출의 성과를 어떻게 측정할 것인가의 과제를 기업에게 안겨 준다. 부가 가치 창출의 성과를 측정하는 것이 쉽지 않다. 어려운 과제이다. 구성원 각자의 성향과 의도에 따라 Binge Working이 다르기 때문이다. 1년을 단위로 보면 1년 중에 어느 계절에 집중하는지, 1달을 기준으로 보면 어느 주에 집중을 하는지, 1일을 기준으로 보면 어느 시간에 집중을 하는지 다 다르기 때문이다. Manager 입장에서는 여러 명의 구성원을 동일한 기준으로 놓고 부가 가치 창출 성과를 측정하고, 평가하기란 과거에 비해서 훨씬 어려워졌다고 할 수 있다. 기업의 구성원들이 Z세대, V세대라고 불리는 층으로 채워지면서 이러한 점은 더해 간다. Z세대, V세대들은 태어날 때부터 디지털 기기와 친숙했고, 문자보다는 동영상(Video)을 통해서 배우고, 익히는 것이 쉬운 세대이다. Manager 계층과는 확연한 세대의 차이를 가지고 있는 세대이다. 무서울 정도로 집중해서 일하는 모습을 보이다가도 한없이 느긋하기도 하다. 짜인 틀에서 일하는 것보다는 자유로운 상태에서 일할 때 성과를 더 잘 낸다.

부가 가치를 창출하는 목적을 가진 기업의 입장에서, 부가 가치 창출의 기여도를 어떻게 평가하여 구성원들의 동기를 부여할 것인가? 첫째, 평가의 기준이 상대 평가에서 절대 평가로 바뀌어야 한다. 여태까지는 투입할 수 있는 기업 내부 자원의 한정됨을 기준으로 상대 평가를 실시해 왔는데, 이제 자원 투입은, 특히 인적 자원의 투입은 부가 가치 창출과 상관관계를 갖는 것이 아니라 총 부가 가치 창출에 영향을 주는 것으로 바뀌었다. 뛰어난 세 명이 보통의 백 명보다 훨씬 큰 부가 가치를 창출한다. 인적 자원의 투입이 부가 가치 창출과 상관관계가 있던 시대에서 그렇지 않은 시대로 바뀌었다. A가 B보다 우수하다는 기준을 근거로 평가하는 상대평가를 이제는 버려야 한다. 부가 가치 창출과 성과를 기준으로 절대평가를 해야 한다. 둘째, 일정한 원칙(Rule)을 세우고 목표(Due Date)를 부여하면, 그 과정은 구성원 각자 자율에 맡기고 목표 달성도를 평가하여야 한다. 과정은 원칙을 벗어나지 않고 준수되는지만 관리하면 된다. 물론, 기업 내부에서는 목표를 명확하게 부여하고, 공정하게 검증하는 시스템을 갖추어야 한다. 목표 부여가 명확하지 않은 우리 기업 입장에서는 하루빨리 갖출 필요가 있다. 셋째, 평가 결과의 공정성을 확보해야 한다. 가장 대표적인 것으로 평가 시 평가자와 피평가자의 충분한 성과 인터뷰가 반드시 수반되어야 함을 꼽을 수 있다. 시스템적으로 공정한 평가 시스템을 구축하였다고 하더라도 운영이 그에 걸맞게 되지 않고, 형식적으로 운영된다면 아무런 쓸모가 없는 것이다. 더불어, 평가 결과가 조직 구성원에게 피드백될 때 피평가자의 이의 제기를 적극적으로 받아들여야 한다. 아직도 우리 기업 대부분은 권위적인 의식이 크게 자리 잡고 있어서 Manager가 결정한 사항을 쉽게 바꾸려 하지 않는다. 바꾸게 되면 Manager의 권위가 손상되는 것으로 인식한다. 또한, 인사 부서도 권위적이어서 한 번 결정된 사항은 바꾸려 하지 않는다. 조직 구성원을 부가 가치 창출의 인재로 보는 것이 아니라 관리 대상으로 보는 것이 아직도 팽배하기 때문이다. 평가뿐 아니라 조직 내 의사 결정 사항에 대한 이의 제기, 수용의 절차가 있더라도 실질적으로 작동되지 않는 것이 현실이다. 이를 빨리 고쳐 나가야 한다.

Binge Watching, Binge Working 하는 세대를 우리는 스스로 집중하는 세대로 이해해야 급격하게 변화하고 있는 흐름에 휩쓸리지 않고 제대로 볼 수 있다.

15
경청(傾聽)과 타협(妥協)

　　사람에게 입이 하나이고 귀가 둘인 이유는, 자신이 말하는 것보다 남의 이야기 듣는 것을 두 배로 하라고 조물주가 그렇게 만드셨다는 말이 있다. 우리에게 남의 이야기에 귀를 기울이는 것이 얼마나 중요한 것인가를 일깨워 주는 좋은 예라고 생각한다. 남의 이야기를 듣는 데에는 두 가지가 있다. 영어로 이야기하면 Hearing과 Listening이 된다. Hearing은 그저 들리는 대로 듣는 것, 소위 영혼 없이 듣는 것이다. 이것은 시간이 좀 지나면 무엇을 들었는지 내 기억에 거의 남아 있지 않게 된다. 그저 스쳐 지나가는 소리였을 뿐이다. 반면에 Listening은 남의 이야기를 정성 들여서 이해하며 듣는 것이다. 정성을 들여서 듣게 되면 상대방이 하는 말 중 비록 말하지 않은 내용에 대해서도 공감할 수 있게 된다. 소위 영혼을 가지고 듣는 것이다. 이것은 시간이 지나도 무엇을 들었는지 내 기억에 오래 남게 된다.

　　우리는 살아가면서 매 순간 이야기를 하게 되고, 또 이야기를 듣게 된

　　　　　　　　　　　　　　　　　　　더 워크플레이스

다. 이러한 이야기들 중에 어떤 이야기는 천 냥 빚을 갚기도 하고, 어떤 이야기는 불화를 가져오고 갈등을 유발하기도 한다. 또한, 우리가 살아가는 동안 맺게 되는 모든 관계에서 이야기를 빼면 그 관계가 성립되지 않는다. 조직 생활도 마찬가지로 이야기의 연속이다. 우리가 조직 생활을 하면서 나의 이야기에 상대방이 공감을 해 주고, 인정을 해 주게 되면 나는 더 신나서 일할 수 있는 반면에, 나의 이야기에 대해서 상대방이 별로 관심을 가져 주지 않으면, 당연한 말이지만 나는 조직 생활에 실망이 커지게 되고 어려움을 겪게 될 것이다. 또 이야기를 통해서 표현되는 나의 입장, 의견이 다른 사람들로부터 받아들여지면 나는 자신감을 갖고 조직 생활을 해 나가게 되지만, 받아들여지지 않으면 나는 조직 생활에 좌절감이 생길 수도 있고, 의기소침해질 수도 있다.

이렇듯 우리가 살아가는 데 있어서 이야기가 얼마나 중요한 역할을 하고 있는가는 굳이 설명 안 해도 누구나 동의할 것이다. 모든 관계와 성과의 출발과 바탕이 이야기이다. 모든 관계와 성과에 중요한 역할을 하는 이야기는, 내가 영향을 받는 것처럼 다른 사람도 똑같이 이야기를 통해 영향을 받는다. 내가 그렇듯이 다른 사람도 똑같이 자신의 이야기에 귀를 기울여 주기를 바라고, 이야기를 통해서 표현되는 입장, 의견이 받아들여지기를 바란다. 하지만 현실적으로 이것이 가능하지는 않다. 다른 사람의 이야기에 귀를 기울이는 것을 당연히 노력해야 하지만, 입장과 의견이 다 받아들여질 수는 없다. 그것은 나의 입장과 의견도 마찬가지이다. 서로 입장이 다 같을 수가 없기 때문이다. 이때 우리에게 필요한 것이 남의 이야기를 귀 기울여 듣는 Listening에 해당되는, 경청과 나의 입장, 의견을 양보하고 다른 사람의 입장과 의견을 받아들일 줄 아는 타협이다.

경청은 그 사람을 존중하는 것으로부터 출발한다. 이야기를 흘려듣는 것이 아니라 정성을 들여 듣는 경청은, 그 사람에 대한 존중이 없으면 불가능하다. 부모와 자녀 간에 대화가 잘 이루어지지 못하는 경우는 존중이 부족한 경우가 대부분이다. 부모 입장에서는 자녀를 보호하고 가르쳐야 되는 존재로만 생각하게 되고, 자녀의 이야기는 귀 기울여 듣기보다 자라는 과정에서 생기는 투정이나 불만으로 여기게 된다. 자녀는 이야기를 해도 귀 기울여 들어 주지 않는 경험을 통해서 부모는 이야기가 받아들여지지 않는 상대라고 생각하게 되고, 이러한 점은 대화를 더 어렵게 만들어 결국 경청이 일어나지 않는 것이다. 또한, 대부분 내 입장에서만 이해하고 판단하려는 경향으로 인하여 경청은 방해를 받는다. 조직 내에서도 마찬가지이다. 상사와 부하 직원 간에 대화가 쉽지 않은 것도 똑같은 이치이다. 사회적으로 세대 간에, 집단 간에 대화가 어렵고, 자기주장만을 강하게 제기하여 갈등이 유발되는 것도 똑같다. 상대방의 이야기를 들어 주는 것만으로, 나와 상대방 사이에서 생길 수 있는 문제나 갈등의 상당한 부분이 해소된다고 한다. 이때 이야기를 들어 준다는 것이 바로 경청이다. 이 경청을 통해서 나는 조직 생활에서도 나를 유연하게 만들고, 협력하고 싶고, 관계를 맺고 싶은 존재로 만들어 갈 수 있다. 그리고 경청이 잘 정착되어 있는 조직은 강한 조직, 경청이 잘 정착되어 있는 사회는 성숙한 사회라고 할 수 있다.

그리고 타협은 우리가 조직 구성원이라면, 사회 구성원이라면 꼭 갖추어야 할 덕목이다. 타협이 없다고 한다면 어떻게 조직과 사회가 돌아가고 유지될 수 있겠는가? 자신의 입장, 의견, 주장만이 있는 조직과 사회는 발전을 할 수가 없다. 자신의 입장, 의견만이 있는 조직과 사회에서는 갈등만이 조성되고 협력이 일어날 수 없기 때문이다. 이처럼 협력 없이는 할 수 있는 것이 하나도 없다고 해도 지나치지 않을 정도로 협력이 중요한 4차 산업혁명 시대에는 더욱 타협이 중요하다. 이러한 면에서 최근 우리 사회에 경청과 타협이 점점 사라지고, 나의 입장과 의견에 대한 주장만이 강하게 제기되는 현상은 안타까운 일이다. 우리 사회가 앞으로 나아갈 수가 없다. 모든 사람이 자신의 입장, 의견을 주장하고 관철시키는 것은 의미 있는 일이다. 하지만 모든 것을 나의 입장, 의견대로만 할 수는 없는 것이 현실이다. 상대방의 입장, 의견을 경청하고 그것을 받아들이는 것은 나의 입장, 의견을 관철시키는 것보다도 더 중요하고 의미 있는 일이다. 왜냐하면 같은 구성원으로서 입장이 다르기 때문에 제기되는 의견이 타협을 통해서 받아들여져야 나의 입장에 따른 의견도 받아들여질 수 있기 때문이다. 이것이 우리 사회를 발전시켜 나가는 원동력이고, 우리를 행복하게 만들어 주는 힘이다.

　나의 입장, 의견만이 받아들여지는 조직은, CEO 입장에서 그리고 조직을 리드하고 있는 입장에서 왜 다른 의견이 없는지 반드시 헤아려 봐야 한다. 조직을 망치지 않기 위해서 말이다.

제4장
———

조직 생활에서의
업무

1
Tension을 즐기는 법

조직이나 개인이나 생존을 위해서는 Tension이 필요하다. Tension의 필요성은 메기 효과로 설명되기도 하며, '좋은 환경보다는 가혹한 환경이 인류 문명을 낳고, 인류를 발전시키는 원동력'이라고 역사학자 토인비는 설명하기도 했다. Tension은 다양한 형태로 인류 역사와 함께 해왔다. 기업이 생긴 이래로 기업도 기업의 경쟁력을 확보하기 위해 적절한 Tension을 조직 내 유지해야만 한다. 그리고 개인 또한 적절한 Tension을 가져야만 정신과 신체 모두를 건강하게 유지할 수 있는 것이 자연의 법칙이기도 하다. 조직에 몸담고 있던 사람이 조직을 떠나게 될 때 특히, 예상치 못하게 떠나게 될 때 건강을 해치는 경우를 종종 본다. 적절한 Tension을 유지할 수 있는 환경이 깨졌기 때문에 건강을 해치는 것이다. 그만큼 Tension은 우리 생활에 없으면 좋을 것 같지만 없어서는 안 되는 삶의 요소인 것이다.

조직의 Tension을 유지하는 데는 여러 가지 방식이 있다. 대표적인 것이 강압적이고 권위적인 방식을 사용하는 것인데, 군대에서 사용되는 방식이다. 군대에서는 항상 전쟁을 대비해야 하기 때문에 군기를 유지해야 한다. 군기를 유지하지 못하는 군대는 전쟁에서 이길 수 없다. 군대에서는 예외가 있을 수 없다. 상명하복을 따르지 않는 하극상이 있을 수 없고, 개인적인 행동이 용납될 수가 없다. 그런 일이 일어난다면 읍참마속의 결단으로 엄하게 군율을 세워야 한다. 그렇지 않으면 어떻게 군대의 군기를 세우고 Tension을 유지하겠는가? 군대와 유사한 조직 형태를 가지고 성과를 내고자 하는 집단에서는 강압적이고 권위적인 방식을 주로 사용하는 이유가 여기에 있다.

다음은 자율에 근거하여 Tension을 유지하고자 하는 방식이다. 대부분 기업에서 사용하는 방식이라고 볼 수 있다. CEO가 경영 목표를 조직 구성원에게 공유하고 달성을 독려한다. 경영 목표를 달성하지 못하면 조직의 생존과 발전을 담보하지 못함을 조직 구성원에게 공유함으로써 조직의 Tension을 만들어 간다. 이는 강압적이라고 하기보다는 Tension 극복을 통한 더 나은 미래를 공유하는 것이다. 미래를 공유하는 구체적인 방법으로는 조직 구성원들에 대하여 평가, 승진, 인센티브 등 다양한 방법을 구사한다. 물론 이 Tension을 원치 않는 구성원은 조직을 떠나면 되기 때문에 자율로 이해를 해야 한다. 개인이 원치 않는 경우 조직도 강제로 붙잡아 둘 수는 없다.

개인이 Tension을 유지하는 방식은 기본적으로 개인 자유 의지에 근거한다. 그렇기 때문에 어떠한 Tension 유지보다도 개인의 Tension 유지는 쉽지 않고, 어렵다. 보통 사람들은 대부분 비슷하지 않은가? 작심삼일이라는 말이 우리 주변에 너무도 친숙하게 들리는 까닭이다. 그래서 자신의 의지, 결심을 타인에게 공표를 하거나 다른 Tool에 의지하기도 하면서 Tension을 유지하려고 애를 쓴다.

조직에서의 Tension을 개인 차원에서 생각해 보자. 개인 입장에서 굉장히 큰 스트레스로 작용하는 것은 사실이다. 하지만 이 Tension을 피할 수는 없다. 조직에 속해 있는 이상 조직에서는 Tension을 계속 유지해야만 생존해 나갈 수 있기 때문에 Tension을 계속 유지하고, 심한 경우에는 Tension을 계속 증가시킨다. 그러면, 개인은 어떻게 Tension을 받아들여야 하는가? 어떤 경우는 그 Tension을 건지지 못하고 조직을 떠나게 되기도 한다. Tension이 좀 더 적은 조직으로 이동하는 것이다.

친구 둘이서 숲 속을 걷다가 굶주린 호랑이를 만났다. 금방 잡아 먹힐 위기의 순간이다. 그때 한 친구가 허리를 숙여서 신발끈을 조여 맨다. 그러자 다른 친구가 '네가 아무리 빨리 뛰어도 호랑이보다 빨리 뛸 수 있겠냐?' 하고 말한다. 친구는 이렇게 대답한다. '나는 너보다 한 발만 빨리 뛰면 된다'라고. 당연히 친구 사이에서 이러면 안 되겠지만 경쟁에서 우위를 점하는 전략을 비유적으로 설명하는 것이다. Tension도 마찬가지이다. 피할 수 없는 Tension을 한 발만 앞서 나가면 된다. 그러면 그것을 나의 것으로 만들고, 즐길 수 있다. 멀리 갈 필요도 없다. 한 발만 앞서서 나가는 것으로 충분하다.

Tension을 한 발 앞서기 위해서는 나무를 보는 것이 아니라 숲을 보면서 판단을 해야 한다. 회사의 경영 상황이 어떨지, 전략적으로 어디에 집중하고자 하는지, 무엇을 혁신해야 하는지, 프로젝트가 성공하기 위한 Key Factor는 무엇인지를 생각하면 숲을 보는 것이 가능하게 된다. 그럼 어떤 것을 언제 한 발 앞서서 준비해야 하는지 알 수 있고, 준비가 가능하다. 이제 Tension은 조직으로부터 내가 인정받을 수 있는 중요한 수단이자 내가 조직 생활을 즐길 수 있는 여건을 만들어 주는 수단이다.

Tension을 피하지 말고, 스트레스로 만들지 말고, 나의 친구로 만들어 같이 즐기자!

2
지금 필요한 최선의 방법

전쟁에서 지휘관은 전략과 전술을 가지고 전쟁을 이끌어 나간다. 지휘관이 어떤 전략과 전술을 택하는지가 전쟁과 전투를 승리로 이끌지, 아니면 패배로 끝날지를 결정짓는 중요한 요소임은 부인할 수 없다. 전쟁의 역사를 보면 그렇다. 지휘관의 전략과 전술에 따라 전세가 불리한 상황을 극복하고 승리할 수도 있고, 전세가 유리한 상황에서 질 수도 있는 것이 전쟁이다. 지휘관들은 전쟁에서 어떻게 전략과 전술을 세우고 실행하는가? 전쟁이 일어나게 되면 평시보단 가정할 수 있는 조건이 당연히 적을 것이고, 예기치 못하였던 상황이 많이 벌어질 것이다. 평시 같으면 이것이 가능하고, 대응을 위해 이렇게 할 수 있겠다는 전략과 전술을 다양하게 수립하여 가정할 것이다. 하지만, 전쟁이 일어나면 그런 가정이 통하지 않는다. 전시 상황에 맞는 판단이 요구될 뿐이다. 전쟁에 대비한 준비와 연습을 게을리한 국가와 민족은 생존하지 못했음이 역사로 증명되니 준비와 연습이 얼마나 중요한지는 주지의 사실이다.

조직에도 당연히 전략과 전술이 필요하다. 조직의 '비전은 무엇이고, 미션은 무엇이다'라는 정의(Definition)가 있다. 이것이 조직의 경영 이념, 경영 목표로서 전략에 해당된다. 그리고 비전과 미션을 달성하기 위한 추진 과제를 설정하게 되는데, 이것이 전술이다. 경영 이념, 경영 목표, 추진 과제를 실행해 나가는 데 있어서 동원할 수 있는 자원이 충분하다고 하면 이것을 누가 달성하지 못하겠는가? 현실에서는 동원할 수 있는 자원이 항상 모자란다. 모자란다기보다 더 빡빡한 경우가 대부분이다. 최소한의 자원을 가지고 조직의 목표를 달성해 나가야 한다. 전시 상황과 같은 상황이라고 해도 과언이 아닐 것이다. 조직을 이끌고 나가는 리더는 전쟁의 지휘관과 같은 역할을 해야 한다. 조직의 리더나, 전쟁의 지휘관이나 최소한의 자원을 가지고 지금 내가 선택할 수 있는 최선의 방법(전술)으로 목표를 달성해 내야 한다.

지금 내게 필요한, 내가 선택할 수 있는 최선의 방법은 무엇인가? 첫 번째는 빠른 의사 결정일 것이다. 전쟁이 한창 중인데 지휘관이 도상에서 작전을 논하고만 있으면 어떻게 되겠는가? 적의 측면을 다른 부대가 공격해 주면, 우리 부대가 정면을 공격해서 전투에서 승리할 수 있다. 공중 지원을 받으면 전투에서 승리할 수 있다. 전투를 이기기 위해서는 1개 중대가 더 필요하다 등등, 가능하지 않은 방법을 상정하면서 고심만 하는 것은 적에게 승기를 만들어 주는 꼴이 될 것이다. 우리 조직이 지금 할 수 있는 것을 지금 하도록 리더가 결성하는 것이 필요하다. 타이밍을 놓치면 아무리 훌륭한 방법을 선택한다 하더라도 소용이 없다. 고객이, 경쟁사가 기다려 주지를 않기 때문이다. 그리고 내가 지금 할 수 있는 것을 하면서 자원을 더 동원할 수 있도록 조직 내 합의를 이끌어 내는 것이 현명한 방법이라 할 것이다.

내가 택할 수 있는 최선의 방법 두 번째는 내가 가용할 수 있는 자원을 극대화하는 것이다. 가용 자원을 극대화하기 위해서는 우선 자원 투입의 완급을 조절하는 것이 필요하다. 자원 투입의 시급성을 사안별로 검토하여 자원 투입 여부를 결정하는 것이다. 당연한 얘기인 것 같지만 시급성을 검토하여 자원 투입 여부를 결정하는 것은 쉽지 않은 과감한 결단이 필요한 전략적 판단이다. 다음으로 고려할 수 있는 유사한 방법은 자원의 수평적 투입이 아니라 수직적 투입을 결정하는 것이다. 자원의 수직적 투입이라 하면, 자원 투입이 필요한 사안이 3개가 있다고 가정할 때 3개 사안에 균등하게 자원을 투입하는 것이 아니라, 사안별로 집중해서 자원을 투입하는 것이다. 1개 사안에 우선 내가 가용할 수 있는 자원을 모두 투입하여 목표가 달성되면, 다음 사안에 또 가용 자원을 모두 투입하는 방식으로 자원을 투입하는 것이다.

상황에 따라 내가 선택할 수 있는 최선의 방법은 다양할 수 있다. 하지만, 그 방법이 최선이라 하기엔 부족해 보일 때가 많아 결단을 주저하게 된다. 이때 이 방법을 택해서 실행했을 때와 이 방법을 택하지 않고 실행하지 않았을 때의 차이를 보면 어떻게 하는 것이 바람직한지를 쉽게 알 수 있을 것이다. 여러 가지 가정을 염두에 두고 아무것도 하지 않는 것보다는, 비록 그것이 많이 부족하더라도 지금 실행하는 것이 낫다는 차원에서 생각했을 때, 그것이 지금 내게 필요한 최선의 방법이라 할 것이다.

3
훈련과 연습

야구 선수가 메이저리그, KBO 1군에서 뛰기 위해서는 로스터 (Roster)에 등록이 돼야 한다. 로스터는 경기 일정에 따라 약간 변경이 있기도 하나 26명에서 30명 수준이라고 보면 된다. 메이저리그는 팀당 로스터가 26명이므로 30개 팀 총 780명만이 메이저리그 경기에 뛸 수 있다. KBO는 팀당 로스터가 28명이므로 10개 팀 280명만이 1군 경기에 뛸 수 있다. 한 해에 배출되는 야구 선수 규모를 생각하면 로스터에 등록되는 것 자체가 얼마나 경쟁이 심하고 대단한 일인가를 상상할 수 있을 것이다. 그런데, 로스터에 들더라도 실제 경기에 출전하는 선수는 10명이니 여기서 또 경쟁이 있다. 이와 같이 주전 선수로 출전한다는 것은 어떤 프로 스포츠 종목과 마찬가지로 대단한 경쟁을 뚫고 그 자리에 선 것이다.

프로 야구 선수들은 경기가 있는 날은 대개 오전에 개인 운동을 하고, 점심 식사 이후부터는 운동장에 모여서 팀 훈련을 한다. 매일 경기가 있으니 하루도 거르는 날이 없을 것이다. 훈련은 경기에 출전을 하는 선수든 하지 않는 선수든 똑같이 한다. 언제 출전 지시를 받을지 모르니 후보 선수들이 더 열심히 할지 모른다. 경기 전 훈련은 수비에서의 포구, 공격에서의 타격 등 기본을 점검하고 연습한다. 이는 매일 하는 거지만 선수가 게을리하면 금방 표가 난다. 선수들의 훈련은 시즌이 끝나고 나서도 잠깐의 휴식을 가진 후에 계속된다. 대표적으로 동계 훈련에서 선수가 얼마나 충실히, 열심히 훈련을 소화했느냐는 다음 시즌을 어떻게 보낼 것인가를 결정하는 중요한 요인이다. 그래서 선수들은 팀 훈련이 끝나도 개인 연습을 더해 자기의 실력을 갈고닦는다.

조직에 몸담고 있는 우리도 경기에 출전하는 주전 선수라고 할 것이다. 주전 선수는 경기에 출전하기 전에 꼭 훈련을 한다. 그러면 우리는 경기에 출전하기 전에 즉, 업무에 임하기 전에 충분한 훈련과 연습을 하고 있는가를 생각해 보자. 입사를 하게 되면 로스터에 들었다고 생각할 수 있다. 로스터에 들면 다 끝나는 것이 아니다. 많은 노력을 통해 어렵게 로스터에 들더라도, 경기에 출전하기 위해서는 하루도 훈련과 연습을 게을리할 수 없다. 훈련과 연습을 게을리하면 그 선수는 경기에서 성적을 거두기 어렵고, 그러면 주전 선수 자리를 지키기 어려울 것이다. 조직에 몸담고 있는 우리도 마찬가지이다. 입사를 하여 조직에 몸담기 시작하고, 업무를 추진함에 있어서 준비를 게을리한다면 경기에 앞서서 훈련과 연습을 게을리하는 선수와 같을 것이다.

업무에 임하는 우리는 어떻게 훈련과 연습을 할 것인가? 첫 번째는 그 일과 유사한 과거의 사례를 찾아보는 것이다. 내가 해야 하는 일이 완전히 새로운 일은 없다. 대부분은 과거에 이와 비슷한 일이 진행되었을 것이다. 비슷하게 진행되었던 일을 보고 어떻게 진행이 됐었는지, 어떤 어려움이 있었는지, 그 어려움은 어떻게 풀었는지를 보면 내가 해야 하는 일에 대한 감을 잡을 수 있다. 즉, 내가 해야 하는 일을 어떻게 추진해야 성과를 낼 수 있는지, 어떻게 하면 실수를 줄일 수 있고 좀 더 창의적으로 할 수 있을지를 생각할 수 있다. 혁신이란 완전히 새로운 것이 아니라, 현재에 바탕을 두고 이루어지는 것이다. 조직에서의 일도 마찬가지이다. 과거의 일을 통해서 선수가 경기에 임하기 전 훈련과 연습을 하듯이 우리도 훈련과 연습을 할 수 있다. 과거의 일이 더 나은 성과를 만들어 내는 바탕이 된다.

두 번째는 야구 선수들이 동계 훈련을 통해서 평소 부족한 부분을 보완하고, 여건과 환경 변화에 따른 선수 자신의 변화를 추구하듯이, 조직에 몸담고 있는 우리도 일정한 주기로 부족한 부분을 근본적으로 보완하고 자신의 변화를 도모해야 한다. 그래야만 조직 내에서 주전 선수로 계속 역할을 해낼 수 있을 것이다. 현장에서 경험이 쌓이면, 나무의 키가 자라듯이 우리는 성장한다. 하지만 나무가 자라면 자랄수록 바람을 많이 맞게 되는 것이 자연의 이치이다. 강한 바람이 불면 나무가 견디지 못하고 쓰러지는 경우가 있다. 뿌리가 깊이 박히지 않았기 때문이다. 더 큰 나무에 기댈 수 있거나, 메타세쿼이아같이 서로 뿌리를 얽어서 쓰러지지 않고 서 있는 경우도 있지만 보통의 경우는 그렇지 못하다. 우리도 경험이 쌓이면서 키가 컸다고 생각될 때, 웬만한 바람에도 쓰러지지 않는 나무가 되듯이 바람에 버티기 위해서는 뿌리를 튼튼히 해야 한다. 그것은 내가 하는 일에 대해 이론을 튼튼히 하는 일이다. 현장 경험을 통해서 쌓은 노하우만을 가지고 나를 성장시켜 나가는 것은, 뿌리가 깊이 내리지 못하고 키만 크는 나무와 같다. 바람이 불면 위험해진다. 일에 대해서 왜 그런지 두 번, 세 번 질문을 받았을 때 답을 못하면 안 되지 않겠는가? 이것을 막아 주는 것이 이론을 갖추는 일이다.

프로 야구에서 선수의 허슬 플레이(Hustle Play)를 봤을 때 '와' 하고 찬사를 보낸다. 하지만, 그 플레이를 하기 위해 선수가 얼마나 많은 훈련과 연습을 했을지는 우리는 잘 생각하지 못한다. 더욱이 그 경기의 대부분을 차지하는 보통 플레이를 하기 위해서 선수들이 얼마나 많은 훈련과 연습을 했는지는 떠올리지 못한다. 우리가 일하는 모습은 허슬 플레이가 아니라 보통 플레이에 가깝다. 야구 선수가 보통 플레이를 하기 위해서 얼마나 많은 훈련과 연습이 뒤따랐는지를 생각해야 한다.

훈련과 연습은 배신을 하지 않는다.

4
조직과 나를 가볍게 하자(F=ma, a=F/m)

물체의 운동량(F)은 물체의 질량(m)과 물체에 가해지는 속도의 곱이다. 이때 물체의 질량(m)이 시간에 대해 변하지 않으면, 물체의 운동량(F) 시간에 대한 크기 변화는 물체의 속도(a) 시간에 대한 변화에 비례하게 되고, 그 속도의 시간에 대한 변화가 가속도가 된다. 그러므로 가속도는 물체의 운동량 즉, 힘에 비례하게 되고, 물체의 질량 즉, 무게에는 반비례하게 된다. 이러한 가속도의 법칙은 1687년 아이작 뉴턴(Isaac Newton, 1642~1727)의 운동 법칙 중 제2법칙으로 정립되었다. 제2법칙인 가속도의 법칙은 관성의 법칙인 제1법칙, 작용과 반작용의 법칙인 제3법칙과 함께 고전 역학의 기초가 되었으며, 기술 발전에 크게 기여하였다.

가속도의 법칙을 조직 변화에 적용해 보자. 가속도의 법칙을 조직 변화 속도에 적용하면 조직의 변화 속도는 변화에 대한 의지, 추진력에 비례하게 되고, 조직 크기에 반비례한다고 할 수 있다. 현재와 같이 조직의 변화가 강하게 요구되고 있는 상황에서 그 어떤 것보다도 조직 변화의 원리를 간단하고, 명료하게 설명할 수 있는 이론이라 하겠다. 조직 변화를 강하게 요구받았던 IMF 시대를 생각해 보자. IMF 전에 우리 기업들은 다국적 기업을 지향하면서 몸집을 키우기 위해 많은 투자를 했다. 현지화를 위해서 해외에 공장을 짓고, 거점을 마련하기 위해 투자를 하고, 국내에서는 사옥을 짓고, 부동산에 투자를 많이 했다. 그리고 기업 내부에 모든 기능을 갖추기 위한 투자도 계속했다. 하지만, 외환 위기를 맞게 되면서 기업들이 위기를 맞았을 때, 그 위기를 돌파하기 위한 자구의 노력으로 기업들은 구조 조정을 추진한다. 하지만 당시 구조 조정을 가장 힘들게 했던 요소는 그동안 해 왔던 투자였다. 그동안 해 왔던 투자가 기업의 몸무게를 늘렸고, 그 몸무게는 변화의 속도를 내지 못하게 하는 원인이 되었다. 결국 몸무게를 이기지 못해 변화의 속도를 내지 못했던 기업들은 더 이상 생존하지 못하는 결과를 초래하게 된 경험이 불과 25년 전 일이다.

기업들은 이후 변화를 선도하기 위해서는 몸집을 가벼이 해야 함을 절실히 느끼게 되었고, 이를 꾸준히 실천해 왔다. 즉, 기업의 비용 구조 중에 고정비 비중을 줄이기 위해서 핵심 사업 분야 외에는 Spin Off를 통한 Outsourcing을 추진하고, 부동산은 대부분 매각을 통해서 최소화하고, Contingency Plan을 마련하게 되었고, 이러한 것들은 우리 기업들이 한 단계 성장하는 데 있어서 중요한 기여를 했다. 4차 산업혁명 시대에 우리 기업들은 또 한 번의 큰 변화를 요구받고 있다. Digital Transformation 이다. Digital Transformation을 추진함에 있어서도 가속도의 법칙은 똑같이 적용된다. IMF 때는 너무 절박하였기 때문에 변화 추진력은 어느 기업, 조직이든 강했다. 그래서 변화를 이뤄 내냐 못하냐는 몸집을 얼마나 빨리 줄일 수 있느냐가 관건이었으나, 지금 요구되는 Digital Trans-formation으로의 변화는 몸집에 불필요한 군살을 제거하는 것뿐 아니라, Digital Transformation 추진에 대한 의지가 얼마나 있느냐가 중요한 요소이며, 더불어 맞는 방향, 방법을 구사해야만 한다. 하지만 이 변화는 지금 당장은 조직에 크게 영향이 없는 것처럼 보이기 때문에 변화 추진력을 갖는 것이 훨씬 어렵다.

코닥, 모토로라, 노키아 등의 사례를 통해서 변화 실패의 결과를 알 수 있다. 그리고 넷플릭스, 애플, 아마존, 로레알, 스타벅스 등의 사례를 통해서 새로 부상하거나, 기존의 기업들이 변화를 성공적으로 이뤄 냈을 때의 결과 또한 알 수 있다. 이렇듯 변화를 이뤄 내느냐, 이뤄 내지 못하느냐는 그 기업의 생존을 결정짓는다. 우리 조직은 어떻게 가고 있는가? 거기에 속해 있는 나는 변화를 이뤄 내기 위해 어떻게 하고 있는가? 우리를, 나를 돌아보면 기존 틀에 덧칠하는 수준으로 변화를 추진하고 있는 경우가 많다. 그것은 오히려 현재를 흐리게 해서 앞으로 나아가는 데 도움이 되지 못하고 방해만 하게 된다. 기존 틀에 덧칠하는 것이 아니라, 변화하는 판에 맞추어 판을 다시 짜야 한다. 그것이 가능해야 한다. 그렇지 않으면 내가 설 수 있는 판이 없어진다.

판을 새로 짜기 위해서는 우리 조직을 둘러싸고 있는 환경에 대한 철저한 분석이 바탕이 돼야 한다. 고객이 변하고 있다. 고객의 욕구 충족이 분화되기도 하고, 통합되기도 한다. 갑자기 뉴트로(New+Retro)가 대세가 되기도 하지만, 남의 눈치를 보지 않는 나만의 만족을 통하여 욕구가 충족되기도 한다. 우리 조직이 타깃(Target)하고 있는 고객은 어떤 변화를 하고 있는가를 잘 분석해야 한다. 그리고, Untact가 일상화된 작금의 상황에 의해서 시장에서의 구매 방법, 유통 방법, 소비 방식의 변화가 빠르게 일어나고 있다. 고객을 직접 접할 기회가 별로 없기 때문에 우리 제품을 고객에게 어떻게 소개하고, 사게 할 것인가에 대한 전략이 바뀌어야 한다. 또한, 기술의 발전은 기존 경쟁의 틀을 근본적으로 바꿔 놓고 있다. 스트리밍 서비스가 그렇고, SNS 서비스가 그러며, AI나 Cloud가 그렇다. 기술의 발전은 자동차 회사가 전자 회사와 경쟁해야 되며, 병원이 컴퓨터 회사와 경쟁하게 만든다. 또, 은행이 커피 회사와 경쟁하게도 만든다. 이렇듯 경쟁의 판이 바뀌는 것을 볼 수 있어야 한다. 또한, 조직과 나는 몸집이 가벼워야 한다. 그래야만 살아남아 강자가 될 수 있다.

5
나도 지킬 수 있는 조직 생활 습관

나의 의사와는 상관없이 나에게 주어지는 가르침들이 많은 시대이다. 성인(聖人)들의 습관, 성공한 사람들의 습관, 부자들의 습관, 천재들의 습관 등 누구에게나 공개되어 있는 이러한 습관들을 지키면 나도 성인(聖人)이 될 수도 있고, 성공할 수 있고, 부자가 될 수 있는가? 성공하고, 부자가 되고, 천재가 되는 가르침이라고 알려 주는 이러한 습관들은 별로 어려운 것도 없어 보인다. 그리고 내가 그것을 다 따라 하는 것은 마음만 먹으면 가능할 것 같이 보인다. 하지만, 이러한 습관을 똑같이 지켜서 성공했다는 사람을 우리 주변에서 만나기는 쉽지 않은 것이 현실이고, 나도 마찬가지이다. 왜 그럴까? 그렇게도 많은 가르침이 있는데도 그 가르침이 나의 것이 되지 못하고, 여전히 남의 것으로 남아 별로 도움이 되지 못하는 이유 말이다.

그 가르침이 나의 것이 되지 못하는 이유는 내가 처해 있는 상황이 그들과는 다르기 때문이다. 내가 그 가르침, 좋은 습관으로 평가받는 것을 따라 한다고 하더라도 성공한 사람들과 같은 결과를 얻을 수는 없다. 왜 냐하면, 좋은 습관은 성공이라는 결과에 의해서 만들어진 것이기 때문에 현재 과정을 살고 있는 우리에게 바로 적용하는 것은 쉽지 않은 것이다. 성공한 사람은 대부분 부지런하다. 그렇다고 성공하기 위해서 부지런해야 한다는 논리가 성립하는가? 실패한 사람의 비율이 성공한 사람의 비율보다 높은데, 실패한 사람들도 성공한 사람 못지않게 부지런히 일했다. 오히려 실패한 사람이 성공한 사람보다 몇 배 부지런하게 일했다고 할 수 있다. 그러면 부지런한 것이 성공의 요인인가, 실패의 요인인가? 성공에는 여러 가지 요인들이 작용한다. 역시 실패에도 여러 가지 요인들이 영향을 미쳤다. 한 가지 요인만으로 성공과 실패를 설명할 수는 없다.

꼭 성공하기 위해서가 아니라 남으로부터 온 것이 아니라 나에게 필요하고, 내가 지킬 수 있는 습관은 조직 생활을 하는 나에게 일정한 방향성을 갖게 해 준다. 그리고 이 방향성을 통해서 나는 조직 생활이라는 여정에서 헤맴을 줄일 수 있다. 나에게 필요하고, 내가 지킬 수 있는 습관은 무엇이 돼야 하나 생각해 보자. 그 첫 번째는 '인사 잘하기'이다. 사람을 만났을 때 반갑게 인사하는 것만으로도 인간관계 구축의 많은 부분이 이루어진다. 말 한마디로 천 냥 빚을 갚는다는 말이 있듯이 인간관계에서 인사는 이와 같은 역할을 한다. 나에 대한 좋은 인상, 호감, 관심 등을 유발하여 나의 인간관계의 가장 기본적인 토대를 만들어 준다. 또한, 업무적으로 관련이 있다고 하면 인사가 매개가 되어 업무 협조도 훨씬 잘될 수 있다. 또한, 매일 만나는 사람들과의 관계에 있어서도 관계를 더욱 돈독히 해 주고, 갈등 유발도 상당히 줄여 줄 것이다.

두 번째는 '긍정적으로 바라보기'이다. 물컵에 물이 반 정도 차 있을 때, 아직도 컵에 물이 반이나 있구나 하고 생각하는 것과 물이 반밖에 안 남았구나 하고 생각하는 것은 결과에 있어서 많은 차이를 내게 된다. 사안을 긍정적으로 생각하고, 긍정적으로 바라보는 자세는 그 사안의 결과가 도출될 가능성을 높여 준다. 결과가 도출될 가능성을 높여 준다는 것은 어떻게든 해내게 될 가능성이 높다는 의미이다. 세 번째는 '역지사지'다. 조직 생활하는 동안에는 내가 중심이 돼서 의사 결정을 하게 된다. 상사로부터 지시를 받는다고 하더라도 그것을 실행하기 위해서는 실행 계획을 내가 결정해야 한다. 대부분 이럴 것이다. 하지만 내가 어떠한 결정을 하게 될 때 그 결정은 다른 사람에게 반드시 영향을 주게 된다. 다른 사람에게 미치는 영향은 어떨까 하는 것을 고려하는 것이 필요하다. 내가 의사 결정한 것이 나에게 돌아와 영향을 주고, 내가 똑같은 상황을 맞을 수 있기 때문만은 아니다. 이러한 역지사지는 결국 나의 실행력과 활동 반경을 넓혀 주는 역할을 한다.

네 번째는 '글 읽기, 글 쓰기'이다. 글 읽기를 통해서 다양한 정보와 지식을 습득함은 물론이지만, 이는 논리적 사고력을 증진시켜 준다. 발표된 글은 글쓴이가 발표되기 전까지 정성을 들여서 논리를 또는 감정을 잘 다듬은 글들이다. 정성이 많이 들어간 글을 읽는 것은 나를 논리적으로 훈련시키고 감정 또한 경험을 많이 할 수 있다. 이를 통해서 조직 생활에 필요한 표현력을 향상할 수 있다. 그리고 내가 글 쓰는 것을 통해서 나의 생각을 정리하는 훈련을 꾸준히 할 수 있게 된다. 이런 것들은 복잡한 사안을 간결하게 파악하고, 해결할 수 있는 역량을 키워 준다.

다섯 번째는 '일 외의 활동 꾸준히 하기'이다. 봉사 활동, 취미 활동, 종교 활동 다 가능하다. 일로써 채우기 어려운 부분이 일 외의 활동으로 채워지게 된다. 일로 채워지지 않는 나 스스로도 잘 알지 못하는 공허함을 봉사 활동, 취미 활동, 종교 활동으로 채움으로써 내 삶의 균형(Balance)을 맞출 수 있다. 오랜 기간 동안 해야 되는 조직 생활을 삶의 균형이 유지되지 않는 상태에서 지속하기는 불가능하다. 여섯 번째는 '하루 계획 세우기'이다. 아침에 그날 해야 할 일, 하고 싶은 일에 대해서 계획을 세우는 것이다. 하루의 계획을 세우면 그날 하루를 어떻게 운영할지 시간 계획을 세울 수 있게 된다. 시간 계획을 세우면 그날 하루에 낭비되는 시간을 최소화할 것이다. 이는 하루 종일 바쁘게 지난 것 같지만 저녁에 돌이켜 보면 '오늘 무슨 일을 했지?' 하고 반문하는 것을 줄여 준다. 일곱 번째는 '가족 사랑하기'이다. 가족에 대한 사랑은 모든 것의 근간이다. 내가 사회 활동, 조직 생활을 하는 근간이 됨은 더 말해서 무슨 필요가 있겠는가?

내가 지킬 수 있는 습관을 정리해 보면 1. 인사 잘하기, 2. 긍정적으로 바라보기, 3. 역지사지, 4. 글 읽기, 글 쓰기, 5. 일 외의 활동 꾸준히 하기, 6. 하루 계획 세우기, 7. 가족 사랑하기이다. 이러한 습관들을 기반으로 한다면 내가 조직 생활을 해 나가는 데 있어서 방향성을 잃지 않게 해 준다. 또, 이 습관들을 통해서 조직 생활과 소중한 가족을 잘 지킬 수 있게 되고, 워크플레이스에서 우리의 행복을 만들어 나갈 수 있다.

6

생각하는 잠

문제를 해결하거나 새로운 아이디어를 찾는 방법은 너무도 많이 있다. DMAIC, C&E, Fishbone Diagram, Brainstorming, Mindmap, Checklist, SCAMPER 등 한 번쯤은 시도를 해 보았거나 최소한 들어는 본 적이 있는 것들이다. 특히, 대체하기(Substitute), 조합하기(Combine), 적용하기(Adapt), 수정·확대·축소하기(Modify, Magnify, Minify), 다른 용도 사용하기(Put to other use), 제거하기(Eliminate), 재배치하기(Rearrange)로 구성되어 있는 SCAMPER 기법은 확산적 사고 기법으로서 구체적이고 실행 가능한 대안을 도출할 때 유용하게 사용되는 방법이다. 이러한 합리적이고 시스템적인 문제 해결, 아이디어 발상 적용은 현장에 많은 도움을 준다. 이러한 방법들에다가 현장에서 일하며 문제 해결과 아이디어 발상에 실제 사용했던 두 가지 방법을 추가해 보고자 한다.

첫 번째 방법은 '잠자는 동안 생각하는 것'이다. 이 방법으로 많은 도움을 받았고, 지금도 애용하고 있다. 잠자는 동안의 뇌 활동에 대한 연구는 독일의 심리학자 '헤르만 에빙하우스'가 〈기억에 관하여(1885년)〉 논문을 발표한 이래, 현재까지 다양하고 많은 연구가 이루어지고 있지만, 여기서는 연구 결과에 근거하기보다 실제 경험을 바탕으로 이야기하고자 한다. 일을 추진해 나가는 과정에 한 번쯤은 풀기 어려운 문제에 부딪히게 된다. 누구나 경험이 있을 것이다. 관련된 사람들과 토론도 해 보고, 자료도 찾아보고, 과거의 선례도 찾아보는 등 다양한 시도를 해 봐도 시원한 해결책이 나오지 않는다. 보고서를 제출해야 하는 기한은 정해져 있는데, 내 담당 업무이니 이것을 풀어야 하는 것은 오롯이 나의 몫인 것이다. 문제가 잘 풀리지 않을 경우 퇴근해서 잠들 때까지 이 문제가 머릿속을 떠나지 않는다. 이렇게 하면 될까? 아니, 이거를 추가하면 되지 않을까? 과거 선례를 보니까 이렇게 했던데, 이번에는 그냥 밀어붙일까? 등등 너무도 많은 대안이 떠오르지만 적절한 해결책은 아직 없다. 내일 다시 고민하고, 해결책을 찾아야지 이런저런 생각이 계속 머릿속을 맴돌면서 잠들게 된다. 그럼 아침에 깨면서 신기한 경험을 하게 된다. '아, 이렇게 하면 되겠구나' 하고 해결 방안이 정리되는 것이다. 키워드 중심으로 메모를 한 다음, 가벼운 마음으로 출근해서 보고서를 마무리한다. 해결 방안 도출, 보고 완료, 상황 끝이다. 잠자는 동안에 나의 뇌가 열심히 생각하고, 정리하고, 해결책을 찾아 준 것이다. 풀리지 않는 문제에 직면했을 때 '잠자는 동안 생각하기'를 활용해서 해결책을 찾은 유용한 경험이다.

두 번째 방법은 '직접 부딪혀 보는 것'이다. 내 머릿속에 있는 문제는 실제보다 크고, 복잡한 경우가 많다. 생각만으로 문제를 파악하고, 정리한 것이기 때문이다. 우리나라 산업화에 크게 기여한 정주영 회장의 '이

봐, 해 봤어?'라는 말을 인용하지 않더라도 직접 부딪혀 보는 것은 그것 자체로 문제 해결, 아이디어 발상에 크게 기여한다. 문제 해결의 상대가 있는 경우엔 직접 부딪혀 보는 것이 최우선이다. 직접 부딪혀 보면 내가 알지 못하고 있던 것들을 파악할 수 있게 되고, 새로운 가능성을 찾을 수 있다. 직접 부딪혀서 파악한 것들을 문제 해결 과정에 추가하면 의외로 해결책이 쉽게 도출되는 경우가 많다. 특히, 새로운 상품 아이디어를 얻기 위해서는 이러한 과정이 반드시 필요하다. 다양한 장소를 방문하고, 다양한 사람을 만나는 과정을 거쳐야 한다. 이 과정을 센싱이라고 하는데, 센싱은 자료 조사를 통해서도 가능하지만 그것만으로는 충분하지가 않다. 직접 보고, 직접 경험해 보고, 직접 얘기를 들어 봐야 하는 것이 중요하다. 이 과정 없이는 새로운 상품의 아이디어 발상을 완성하기란 어려운 것이다.

문제 해결, 아이디어 발상에는 각자의 특성에 따라 선호하는 방법이 있다. 어느 방법을 활용하든지 문제를 해결하고, 창의적인 아이디어가 많이 발상돼 조직이 성장하고, 나의 삶이 풍요로워지기를 기대하는 마음이다.

7

Multitasking, All-round Play

Multitasking은 컴퓨터 용어로 다중 작업 즉, 동시에 여러 가지 일을 한다는 뜻을 가지고 있다. 컴퓨터로 노래를 들으면서 인터넷 검색을 하고, 문서 작성하는 일을 동시에 할 수 있다. 반면에 All-round Play는 스포츠에 주로 사용되는 용어로서 축구를 예로 들면 공격과 수비 기술을 다 갖추어서 어느 포지션이든 소화할 수 있는 플레이를 말한다. 이러한 뜻을 가진 Multitasking과 All-round Play라는 말을 우리는 조직 생활 중에 자주 접한다. 실제 Multitasking과 All-round Play가 가능하고, 그렇게 되려고 노력하는 게 우리에게 필요한가?

부모와 자녀 간에 의견 차이가 여전히 좁혀지지 않는 것이 공부하는 방식이다. '음악을 들으면서 공부하는 게 공부가 더 잘돼요'라고 말하는 자녀에게 '음악을 들으면서 어떻게 공부가 된다고 하는지 이해가 안된다'라고 하면서 동의하기 어렵다는 반응을 보이지만, 더 강하게 주장하지는 못한다. 인간은 기본적으로 Multitasking이 가능한 것을 알고 있기 때문이다. 걸으면서 주변을 볼 수 있고, 음악도 들으면서 대화도 할 수 있다. 하지만 집중도에서는 분명히 차이가 있다. 뉴욕타임스 기자인 매트 릭텔은 2009년 '운전 중 한눈 팔기의 위험성'이라는 연작 기사에서 운전 중 가벼운 통화라고 할지라도 이것이 얼마나 위험한 것인가에 대하여 밝혔다. 운전 중의 통화는 나의 집중력을 40%나 저하시키고 이는 음주 운전과 맞먹는다는 것이다. 그러니 집중의 정도가 낮게 요구되는 수준의 공부라면 음악을 들으면서도 가능하겠으나, 집중의 정도가 높은 수준으로 요구되는 공부를 음악을 들으면서 하는 것은 성과를 기대하기가 어려울 것이다.

조직 생활 중에도 비슷한 경우를 볼 수 있다. 여러 가지 일을 동시에 펼쳐 놓고 하는 경우다. 물론 처리해야 할 일이 한꺼번에 몰려서 불가피하다고 할 수 있겠지만, 그런 사람은 늘 그런 경우가 많다. 그런 것이 습관화되어 있다. '나는 Multitasking하고 있어'라는 말을 하면서 말이다. 하지만 객관적으로 보면 그렇게 수행되는 일은 성과도 질적인 수준이 높지 않다. 다시 손봐야 하는 경우가 대부분이다. 왜냐하면 한 가지 일에 집중되는 집중도가 떨어졌기 때문이다. 일을 처리함에 있어서 Multitasking은 그렇게 중요한 것 같지는 않다. 내가 수행해야 하는 일 중 어느 하나 중요하지 않고, 집중하지 않아도 되는 일은 없다. 일이 여러 개가 한꺼번에 몰렸을 경우 일을 처리해야 할 순서를 정하는 것이 필요하다. 사안의 시급함에 따라서 순서를 정하고 하나씩 하나씩 집중해서 처리해 나가는 것이 결국은 일의 완성도를 높이고, 성과를 내는 길이다. 음악을 들으면서 가벼운 소설은 읽을 수 있지만, 깊은 사고를 요구하는 철학책은 읽기 어려운 것을 떠올리면 Multitasking의 집중력 분산을 이해할 수 있을 것이다.

우리는 조직장으로부터 All-round Play가 가능한 사람이 되기를 종종 듣는다. All-round Play가 물론 영역을 넘어서서는 가능하지 않을 것이다. 예를 들면 조직에서 경영 지원 관련한 일을 하는 사람이 S/W 개발자 역할을 하기는 현실적으로 어렵기 때문이다. 조직장으로부터 듣는 All-round Play를 한다는 것은 축구를 예로 들면 공격수도 되고 수비수 역할도 할 수 있는 선수, 또 야구를 예로 들면 내야수도 하고 외야수도 하고 심지어 투수도 가능한 선수가 되는 것이다. All-round Play는 조직에서 얼마나 필요할까? 이 필요성은 조직 규모에 따라서 달라질 것이다. 조직 규모가 작은 곳은 조직 규모가 큰 곳에서 비해서 한 사람이 해야 할 일의 가짓수가 많을 수밖에 없다. 당연히 All-round Play를 할 수밖에 없을 것이다. 반면, 조직 규모가 큰 곳에서는 내부적으로 조직이 기능별로 분화, 전문화되어 있다. 그리고 나는 그 전문화된 기능 중 하나에 속한다. 이런 경우 All-round Player가 되는 것보다는 나의 전문성을 계속 확보해 나가는 것이 좋은 선택이다. 적극적인 의지를 가지고 개발 부서에서 일하다가 영업 마케팅으로 옮기고 다시 경영 지원 스태프 부서로 계속 일을 바꾸려고 노력하는 사람이 있다. 나름 All-round Play를 하기 위한 노력이라고 생각되지만 성공하기 쉽지는 않다. Generalist보다는 Specialist가 조직 내에서 역할을 더 할 수 있는 시대이기 때문이다. 기술의 발달이 지식의 평준화를 가져온 상황에서 Generalist의 소요는 그리 크지 않다. Specialist가 훨씬 창의적인 발상도 잘할 수 있고, 혁신도 할 수 있고, 현재 개선도 할 수 있다. 조직에 기여도가 훨씬 크다. 다만, Specialist로서 전문 분야에 집중하더라도 주변에 대한 경계(Sensing)는 늦추지 말아야 한다. 세상의 변화를 주시해야 하기 때문이다.

Multitasking, All-round Play 누구나 가능하고, 누구나 할 수 있다. 나의 집중력을 어느 만큼 써서 집중할 것인가? 나의 집중력을 어디에 집중하는 데 쓸 것인가의 문제이다.

8
프로세스를 적용하자(DMAIC)

DMAIC는 품질 경영 기법, 경영 혁신 기법 중의 하나인 6시그마 추진 방법 중에 하나이다. 조직 내의 다양한 문제를 구체적으로 정의하고, 계량화하여 분석하고, 개선 방안을 찾아 개선하고, 유지 관리하는 추진 방법으로서 Define → Measure → Analyze → Improve → Control을 의미한다. 이러한 프로세스를 갖는 6시그마는 100만 개 중 3~4개의 불량만을 허용하는 품질 혁신 운동으로 모토로라에서 시작되어 GE가 도입함으로써 유명해졌고, 1990~2000년대 많은 기업들이 채택하여 성과를 보았던 경영 기법이다. 현재 6시그마를 채택하는 기업은 상대적으로 적지만 조직 내 문제를 분석하고 개선 방안을 도출하는 데 있어서 인사이트를 찾아내는 탁월한 방법이라고 생각한다.

앞으로 우리는 점점 더 인간과 기계와의 경계가 모호한 시대를 살아가게 된다. 인공 지능(AI)이라는 기계는 인간이 접하게 되는 많은 문제를 해결하는 역할을 하게 됨으로써 인간 고민의 많은 부분을 필요 없게 할 것이다. 하지만 궁극의 문제는 기계가 해결하지 못하고, 인간이 해결해야 할 문제로 남는 것 또한 예측된다. 왜냐하면 인간과 기계는 차이를 갖기 때문이다. 인간과 기계인 인공 지능(AI)과의 차이는, 인공 지능은 연산을 통해서 인지를 하지만 인간에게는 메타인지(Metacognition)가 있다. 메타인지는 인간이 자신의 지식 상태를 파악하고 그것을 적절하게 활용하는 능력을 말하는데, 이것이 인간을 인공 지능으로부터 계속 차별화해 나갈 수 있는 요소로 보고 인공 지능의 한계로 보는 것이다. 또 인간은 어떤 사물을 인식하거나, 상황을 인지할 때 순차적으로 인식, 인지하는 것이 아니라 총체적으로 동시에 받아들이고 인지하게 된다. 순서에 크게 상관없이 받아들이고, 연산을 하게 된다. 이러한 인간의 능력은 최근 기술 발전에 따라 비디오가 텍스트보다 훨씬 많은 정보를 담아 유통되는 현상으로도 설명될 수 있다고 본다. 또한, 이러한 흐름은 막을 수 없는 대세가 되었다.

조직 구성원으로서의 관점에서 생각해 보자. 일을 해 나감에 있어서 우리는 여러 가지 문제를 접하게 된다. 당연히 인공 지능의 도움을 받아 손쉽게 해결해 나갈 수도 있지만, 그 문제의 본질을 정의해야 하고, 인공 지능이 연산할 수 있도록 Input해야 하는 것은 우리 인간이다. 그러면 우리는 문제를 접했을 때 최초 어떤 자세를 가지는 게 필요한가? 비디오 시대라고도 할 수 있는 요즈음 우리는 문제를 인식하는 데 있어서도 총체적으로 보려고 하는 경우가 많다. 이런 자세는 문제를 접하는 자세로써는 바람직하지 않다. 당연히 내가 지금 접하고 있는 문제가 여러 가지 원인을 가지고 있다 하더라도 말이다. 다양한 원인에 의해서 생겨난 문제라는 결과를 접하면서, 그것을 총체적으로 받아들이면 결과에만 초점을 맞추게 되고 원인에는 초점을 두지 못하게 된다. 따라서, 이런 접근 자세는 문제 해결을 어렵게 하게 한다. 문제를 접하는 자세로 유용하게 적용할 수 있는, 잘게 쪼개는 접근인 DMAIC 방법을 활용하는 것을 추천한다.

모든 문제 해결의 출발은 측정할 수 있는 단위로 문제를 잘게 쪼개 보는 것이다. 인공 지능(AI)이 모든 것을 처리해 줄 수 있는 시대가 아니라면 말이다. 문제를 잘게 쪼개면 통으로 볼 때 볼 수 없었던 것들을 볼 수 있게 된다. 그런 다음 문제의 정의에 비추어서 잘게 쪼갠 것들을 보면 해결 방안을 찾을 수 있는 경우가 대부분이다. 이러한 프로세스 적용은 도구를 활용해서 시도하는 것도 좋지만, 평소 내 사고의 프로세스를 이렇게 체계화해 놓는 것이 바람직하다. 문제 해결을 위한 접근 자세로서 내 사고의 틀을 이렇게 체계화해 놓으면 큰 문제를 만났을 때도 해결해 나갈 수 있는 힘을 가지게 된다. 내가 감당하기 어려운 문제인 것처럼 보이는 것도 잘게 쪼갠다고 하면 훨씬 다루기 쉬워지기 때문이다. 문제 해결에서 물러날 이유가 없게 된다.

우리는 지금 총체적 사고를 기반으로 한 역량 발휘를 요구받는 것이 사실이다. 창의적인 역량(Creativity) 발휘도 총체적 사고를 요구하고, 융합(Convergence)도 총체적인 사고를 요구한다. 당연히 총체적인 사고가 필요하다. 하지만, 우리가 놓치지 말아야 하는 것은 숲은 보고 나무를 보지 못하는 것이다. 각론 하나하나를 잘 분석하고, 정리할 때 훌륭한 총론이 완성된다. 각론 하나하나가 집을 받쳐주는 기둥들이다. 그 기둥들이 튼튼하고, 흔들림이 없어야 훌륭한 집이 지어질 수 있다. 훌륭한 집이 튼튼하고 흔들림 없는 기둥을 만들어 주는 것이 아니다.

9
파레토 법칙을 깨뜨리자

　　20 vs 80으로 표현되는 파레토 법칙은 이탈리아의 사회학자이자 경제학자인 파레토가 1896년 《경제학 강의》라는 저서를 통해서 발표한 소득 분포의 불평등에 관한 법칙으로, 상위 20%가 소득의 80%를 차지한다는 것이다. 이후 이 법칙은 소득 분포에 대한 설명뿐 아니라, 여러 가지 사회적, 경제적 현상을 설명하는 데에도 활용되고 있다. 기업의 매출 발생 구조를 설명하여 마케팅 포인트를 어디에 두어야 할지 결정할 수 있게 하고, 조직에서의 성과 창출에 기여하는 비율과 시간 투입의 효과성을 설명하기도 하고, 우리 일상과 관련된 부분을 설명하기도 한다.

　　이 파레토 법칙을 적용해서 조직 성과 창출 대부분은 그 조직 구성원의 20%가 담당한다는 평가를 부정하기는 쉽지 않을 것이다. 그렇다고 나머지 80% 구성원이 필요 없다는 이야기는 아니다. 당연히 80% 구성원이 필요하고, 80%의 구성원이 있어야 조직이 운영될 수 있다. 내가 조직의 성과를 주로 창출하는 구성원 20%에 들기 위해서 노력하는 것이 조직에 속한 구성원으로서 당연히 필요한 거지만, 그것이 쉽지만은 않은 것이 현실이다. 내가 팀을 이끌게 됐을 때 팀원들 전체가 역량을 100% 발휘하게끔 하는 것 또한 쉽지만은 않다. 제 역할을 하는 팀원이 있는가 하면, 역할을 통한 기여도가 떨어지는 팀원이 있다. 어떻게 나는 조직 성과 창출에 충분히 기여하는 구성원 20%에 들 수 있을까? 그리고 내가 이끄는 팀원들의 기여도를 20 vs 80이 아닌 30 vs 70, 100 vs 0으로 만들 수 있을까?

내가 조직에 기여하는 바를 키우기 위해서는 우선 내가 사용하고 있는 나의 시간 사용을 살펴봐야 한다. 의식하지 않으면 여기에도 파레토의 법칙이 적용되어 내가 사용하는 시간의 20% 정도만이 내가 목적하는 바에 투입되고 있을 가능성이 크다. 아침에 일어나 커피 한잔 마시고, 뉴스를 검색하고, 대중교통이나 자동차를 이용해서 출근하고, 업무 중에 동료들과 대화를 나누고, 업무 회의를 하고, 점심을 먹고, 리프레시를 위한 휴식을 갖고, 퇴근해서 사람 만나고, 저녁을 먹고 하는 등등의 하루 생활과 관련한 시간 투입과 사용에 대해서 살펴보는 것이다. 물론 이러한 것들이 있어야 사람이 살아갈 수 있기 때문에 이것 또한 필요 없다는 이야기가 아니라, 하루의 시간 사용 중에 내가 달성하고자 하는 것을 위해 사용하는 시간의 양과 질을 보는 것이다. 그렇게 하고 나서 총 하루 시간 사용 중에 10% 정도를 성과 창출을 위한 시간으로 돌려서 할당하는 것이다.

우리가 다이어트를 하고자 마음먹었을 때, 한 달 안에 5kg을 감량하겠다고 강하게 마음먹는다. 그리고 실행을 한다. 추진력과 강한 결심을 통하여 다이어트에 성공하지만 이 경우는 요요 현상을 겪을 가능성이 크다. 반면에 한 달에 500g을 감량하겠다고 목표를 세우면 큰 결심보다는 작은 결심으로도 실행 가능할 것이다. 이렇게 10개월을 꾸준히 한다고 하면 몸에서 크게 무리 없이 받아들일 것이고, 결국은 5kg 감량이라는 목표를 달성할 것이다. 이런 경우는 요요 현상도 크게 찾아오지 않는다. 이미 몸에서 받아들여져 있기 때문이다. 내가 사용하는 시간의 투입 조절도 이와 비슷할 것이다. 일상생활에 투입되어 사용되는 시간을 없애 버리고 그 시간을 성과 창출과 관련한 시간으로 돌리는 것이 아니라, 그 시간 중 일부를 돌리거나 아니면 일상생활과 동시에 하는 방법을 쓰는 것이다. 예를 들어 출근 시간을 활용하거나, 동료들과 대화하는 시간을 활용하거나, 점심 시간을 활용하는 방법은 쉽게 쓸 수 있는 방법이 된다. 이외에도 각자의 상황에 따라서 구사할 수 있는 방법들이 많이 있겠다. 이를 통해서 나의 시간 투입의 비율을 조절하는 것이다.

그리고 팀원들이 각자 100%의 역할을 한다면 팀을 이끄는 팀장으로서 별 걱정이 없을 것이다. 팀원들이 알아서 잘한다면 얼마나 좋겠는가? 그것이 모든 팀장들의 로망일 것이다. 그러나 현실은 그렇지 않다. 팀이 해내야 할 일은 너무도 많은데 어떤 팀원은 역량이 부족하기도 하고, 어떤 팀원은 태평하기도 하고, 어떤 팀원은 불만이 있기도 하다. 믿고 의지할 수 있는 팀원은 10명 중에 두세 명밖에 없다. 이것이 현실이다. 그러면 어떻게 팀원들의 역량을 100% 끌어낼 수 있겠는가? 많이 듣는 조언이지만 팀원들의 역량을 100% 끌어내기 위해서는 팀원들의 현재 역량을 잘 파악하는 것이 제일 중요하다. 불만이 있는 경우는 자기 수준에 잘 안 맞는 일을 해야 돼서 그럴 가능성이 크다. 태평한 경우는 일을 언제까지 끝내야 하는지에 대해 구체적인 가이드가 없기 때문일 가능성이 크다. 이러한 것들을 조정하는 것이 팀원 역량 100% 발휘를 위한 제일 첫 번째 단계이다. 팀원들의 현재 역량 수준을 잘 파악해서 업무 배분을 합리적으로 해 주고, 업무 수행의 완료 시점을 구체적으로 정해 주며 팀을 이끌어 가는 것이다. 또한, 업무 추진 과정을 계획적으로 점검해 가면서 팀을 이끌어 가면 단기간 내에 팀을 자리 잡게 할 것이다. 그리고, 그것이 정착되면 팀원 대부분은 스스로 알아서 잘하게 된다.

팀원들의 역량을 100% 발휘하게끔 하기 위한 현재 역량을 파악하기 위해서는 업무 시작 전에 팀원들과 충분한 대화를 가져야 한다. 팀원들 본인이 잘할 수 있는 것, 부족한 것, 좋아하는 것에 대해서 충분한 대화를 통해서 파악한다. 팀 전체로 업무를 해야 하기 때문에 어떤 것은 좋아하지 않아도 해야 되고, 어떤 것은 잘하기 때문에 해야 된다는 것에 대하여 상호 합의(Consensus)를 만드는 것이다. 즉, 전 팀원을 대상으로 충분한 대화를 하는 것이 제일 기본이 된다. 대화를 통해 팀장은 팀원들의 역량 발휘를 이끌어 낼 수 있게 되고, 팀은 30 vs 70 조직으로 아니, 100 vs 0 조직으로 성과를 낼 수 있을 것이다. 그런데 현실을 보면 의외로 대화를 하지 않는 경우가 너무 많다. 당연히 이렇게 해야지, 저렇게 하는 게 이상하다며, 왜 그렇게 행동하는지에 대해서 내 기준으로 생각하고 판단하고 팀원에게 피드백한다. 이런 것들은 팀장과 팀원 간에 괴리를 만들게 되고, 성과 창출 기여는 올라가지 않게 된다. 대화를 통해서 간단히 해결할 수 있는 것들이 의외로 많은데, 우리는 이러한 간단한 이치를 종종 놓치는 어리석음을 범한다.

20 vs 80을 보고 판단하는 것은 환경과 위치에 따라 달라질 수 있다. 하지만, 20 vs 80이 방향성을 제시해 주는 것은 틀림이 없다. 20% 안에 들고자 노력하는 구성원이 많아질 때 조직은 더 건강하고, 발전적이 되며 그로 인해 나 또한 발전할 것이 틀림없다.

10
학습형(學習型)과 탐구형(探求型)

우리가 태어나서 처음으로 하는 일은 배우는 일 즉, 학습(學習)이다. 어떻게 하면 생존할 수 있는지를 본능적으로 배워 나간다. 어떻게 하면 배고픔을 해결할 수 있는지, 어떻게 하면 위험으로부터 보호받을 수 있는지를 배우고 이를 실행하게 된다. 그리고 이후에는 사회 구성원으로서 살아가기 위해 자신의 생물학적 욕구를 제어해야 하는 것을 배우고, 그 사회의 규범과 질서를 익히게 된다. 이러한 것들을 익힘으로써 사회 구성원으로 살아가기 위한 가장 기본이 되는 소양들을 갖추게 되는 것이다. 제대로 배우고 익히지 않아 사회 구성원으로서의 소양들이 잘 지켜지지 않을 때 사회적으로 물의가 일어나게 되고, 그것은 사회에 큰 영향을 끼친다. 최근 물의를 일으키는 대표적인 것이 분노에 대한 욕구 조절이 잘되지 않아 자신뿐 아니라 타인의 생명에도 심각한 해를 끼치는 일들이다. 이는 사회 구성원으로서 가져야 하는 규범과 질서에 대한 학습이 잘되지 않아 발생하는 문제이다. 이렇듯 학습은 우리가 생존해 나가는 데, 우리가 속해 있는 사회가 유지되는 데 가장 중요하고 필수적인 요소라 할 수 있다.

학습뿐 아니라 우리가 살아가는 데 있어서 또한 중요한 것이 탐구(探求)이다. 미지(未知)에 대해 알고자 하는 인간의 노력을 탐구라고 할 수 있는데, 생존뿐만 아니라 모르는 것에 대해 알고자 하는 노력 즉, 탐구가 현재와 같이 인류를 발전시켜 왔고 앞으로도 인류를 발전시켜 나갈 힘이 된다. 학습은 이미 있는 것을 보고 배워서 따라 하는 것이라고 한다면, 탐구는 이미 있는 것이 아닌 것에 대해서 알고자 하는 것이고 도전하는 것이다. 이미 있는 것이 아닌 것에 대해 도전한다는 것은 어떤 일이 닥칠지 모르기 때문에 어려운 일이고, 두려움이 앞서는 것이 당연하다. 그 두려움을 이겨 내고 다가가야 하는 것이기 때문에 탐구는 용기가 필요한 일이고, 용기를 바탕으로 미지의 것에 다가가 그것을 알아냈을 때, 그에 도전한 사람에게는 그만큼의 희열이 따르고 보상이 있을 것이다. 그렇다 하더라도 우리가 살아가는 데 있어서 모든 사람이 탐구에 적극적이지는 않다. 꼭 그럴 필요도 없다. 학습만을 통해서도 삶을 충분히 가치 있게 만들 수 있고, 살아가는 데 문제는 없다.

조직 생활에서는 학습과 탐구 두 가지가 잘 겸비되는 것이 필요하다. 우선, 조직에서는 당연히 그 조직에서 지켜져야 하는 규범과 질서를 잘 지켜야 한다. 업무를 처리할 때 매뉴얼을 잘 지키고 따라야 하는 것이다. 조직에서 업무를 처리할 때 매뉴얼을 잘 지키고 따르지 않으면 내가 수행하는 일은 쓸모가 없게 된다. 왜냐하면 매뉴얼을 따르지 않는 것은 하나의 물건을 조립할 때 규격에 맞지 않는 부품을 만들어서 물건 조립에 쓸

더 워크플레이스

수 없게 하는 것과 같은 것이다. 그리고 조직의 선배들이 해 놓은 일의 과정을 잘 따라하는 것도 중요하다. 대부분 선배들이 해 놓은 결과물들이 내가 해야 되는 일에 표본이 될 가능성이 크기 때문이다. 그래서 조직은 이러한 선배들의 일 처리 과정을 신규 조직 구성원 또는 후임자가 익히는 학습으로 OJT(On the Job Training)를 운영하고, OJT를 통해서 실질적으로 조직 내에 대부분의 학습이 이루어지고 있다.

탐구는 내가 주체적으로 의지를 가지고 해야 하는 영역이다. 조직에서는 주어진 매뉴얼대로 일을 제때 처리하고, 선배들이 수행했던 일과 큰 차이 없게 일 처리를 하면 조직에 합류하여 일정 기간 동안은 실력자로 인정받을 것이다. 이러한 경우를 종종 본다. 그러나 시간이 지나 어느 정도 경력이 쌓인 후에도 정해진 틀 안에서만 일 수행이 가능하다고 하면 더 넓은 영역의 일, 룰을 만들면서 해야 하는 일은 맡길 수 없을 것이다. 더 넓은 영역의 일, 룰을 만들면서 해야 하는 일을 맡는 걸 조직에서 승진한다고 하는데, 이러한 것이 가능하지 않으면 승진이 어렵게 된다. 왜 그럴까? 탐구가 없기 때문이다. 보고 배운 대로만 할 수 있는 사람. 그런 조직 구성원은 조직 내에서 점점 더 설 자리를 찾기 어려워지는 것이 현실이다.

조직에서 탐구는 어떤 것인가? 그 첫걸음은 시키지 않아도 스스로 알아서 할 줄 아는 것이다. 스스로 알아서 하려고 하는 자세를 갖는 것이 탐구의 첫걸음이다. 그다음은 '왜(Why)'라는 질문을 하는 것이다. 현재 이런 방식으로 일 처리를 하고 있다면, 왜 이렇게 일을 처리하고 있는 것일까? 더 효율적이고 빠르게 처리할 수 있는 방법은 없는가? 이게 최선인가 하고 질문을 하는 것이다. 그리고 질문을 하게 되면, 그것에 대해서 끝까지 파고들어 근본적인 부분까지 도달해 보는 것이다. 그러면 뭔가 보이게 된다. 처음에는 작은 것에서부터 출발하게 되지만 그다음에는 조금 더 큰 것에 대해서 탐구하며 도전할 수 있게 될 것이다. 에디슨이 발명왕이 된 것은 수도 없는 실패를 거듭한 끝에 성공을 했기 때문이다. 발명을 위한 실험에 실패를 하면 여태까지 모르던 것을 알게 되었다고 하면서 다음 실험을 이어 갔다는 에디슨의 이야기는 조직에서 탐구하는 자세가 필요한 우리에게 많은 용기를 준다. 포기하지 않고 끝까지 도전하는 정신 또한 탐구에 꼭 필요한 것이고, 탐구의 원동력이 된다.

탐구에 또 필요한 것은 세상을 향해 나를 열어 놓는 것이다. 누구와도 교류하고, 누구와도 협업할 수 있도록 열린 자세를 갖는 것이다. 이것은 내가 가지고 있는 지식의 한계, 경험의 한계를 보완해 주는 중요한 역할을 하게 된다. 나 혼자 해낼 수 있는 것은 별로 없기 때문이다. 교류와 협업을 통해 도달하기 쉽지 않은 곳에 도달할 수 있고, 더 큰일을 탐구할 수 있는 것이다.

학습형보다는 탐구형 인재가 조직에 많이 있을 때 조직은 역동적이게 되고, 발전 가능성이 크다. 개인도 마찬가지이다. 이는 4차 산업혁명 시대의 변화의 물결에 휩쓸려 사라지지 않고, 변화의 물결을 타고 높고 멀리 갈 수 있는 힘이 되는 것이다. 탐구 생활을 생활화하는 게 필수인 시대에 살고 있다.

11
디테일의 힘과 함정

기업 차원에서, 그리고 조직 생활을 하는 우리에게도 디테일은 굉장히 중요한 요소이자, 놓쳐서는 안 되는 중요한 요소이다. 디테일은 기업의 성공을 좌우하는, 나의 조직 생활의 성공을 좌우하는 요소이기 때문이다. 셔츠 앞 주머니에 들어가게끔 디자인됐기에 성공할 수 있었다고 분석하는 애플의 아이팟, 의류 업체인 폴로가 인치당 바느질 수를 7에서 8로 늘리면서 품질 확보를 통해 경쟁력을 갖출 수 있었던 것, TV라는 레거시(Legacy) 제품에서 혁신을 만들어 가는 베젤리스(Bezelless) TV라든가 이런 것들이 모두 디테일의 힘에서 나오는 것이다. 최근 국내의 모 건설사는 신규 아파트 분양 시 수십 년간 86㎝로 고정되어 있던 주방의 높이를 89㎝로 조정하기로 했다. 신체 조건의 변화와 남성들도 주방에서 시간을 많이 보내는 생활 방식 변화를 감안한 조치이다. 이러한 모든 것들은 제품과 서비스를 제공받는 고객들을 위해 디테일을 감안하는 것이다. 이 디테일이 치열하게 경쟁해야 하는 환경에서 승패를 결정짓는 요소로 작용하기 때문이다.

조셉 렌줄리(Joseph Renzulli) 박사는 연구를 통해서 아이큐 120까지는 아이큐와 창의성의 상관관계가 높지만, 아이큐가 120을 넘으면 아이큐는 창의성과 상관관계가 낮거나 없다는 것을 밝혀냈다. 이는 우리 조직 생활을 통해서도 같은 결과를 찾아낼 수 있으니 상당히 믿을 만하다고 생각한다. 신규 아파트를 분양할 때 주방의 높이를 3㎝ 올리기로 한 것은 그동안 축적된 데이터의 분석을 통해서 도출된 것이다. 데이터가 없었다고 한다면 주방의 높이를 3㎝ 올리는 결론에 이르지 못했을 것이다. 여기서 데이터는 아이큐가 된다고 볼 수 있고, 주방의 높이를 3㎝ 올리는 것은 창의성이라고 할 수 있다. 이렇듯 데이터를 축적하고 그것을 세밀하게 분석하는 디테일은 차별적 경쟁력을 강화할 수 있는 힘이 되는 것이다. 다만, 게임의 룰이 바뀌는 환경에서는 다른 창의성이 요구되는데, 오히려 이때는 기존에 기업의, 나의 경쟁력이었던 디테일이 창의성 발현에 방해 요소가 된다. 그렇기 때문에 이러한 함정(陷穽)에 빠지지 말아야 한다.

디테일이 강한 사람은 대체로 일을 빈틈없이 처리하는 사람으로 조직에서 인정받는다. 남들이 잘 파악하지 못하는 부분을 파악한다. 그것을 통해서 남들이 고려하지 못하는 부분까지도 대비하고 준비한다. 이러한 사람은 조직의 큰 장점이고 능력이다. 이러한 사람의 디테일을 통해서 제품과 서비스의 혁신이 가능하고, 고객의 마음을 사로잡을 수 있다. 또한 업무를 추진하는 방식도 꼼꼼하기 때문에 실수가 별로 없고, 추가로 손댈 만한 일이 별로 없다. 그렇기 때문에 디테일이 강한 이러한 점은 조직에서 승진을 해서 리더의 위치로 올라가도 장점으로 작용하는 경우가 대부분이다. 하지만 장점이 아니라 조직을 이끄는 데 방해가 되는 단점으로 작용하는 경우도 종종 있으니, 이러한 함정(陷穽)에 또한 빠지지 않도록 해야 한다.

  조직에서 간부로 승진하거나 임원으로 승진한 다음 오히려 실무자였을 때만큼 역량을 제대로 발휘하지 못하는 경우가 있다. 그 결과 조직에서의 평가가 좋지 못하게 되고, 조기에 조직을 떠나야 하는 경우가 생긴다. 왜 그럴까? 여러 가지 이유가 있겠지만, 디테일에 대한 이해를 잘 못한 경우가 대부분이다. 실무자였을 때 디테일에 강했고, 이를 통해서 승진을 했기 때문에 승진한 다음에도 계속 그 디테일을 유지하려고 한다. 디테일을 유지한다는 명분하에 팀원들의 일 진행 상황을 계속 세세하게 모니터링하게 되고, 이는 결과적으로 팀원들의 일을 방해하는 꼴이 된다. 본인이 승진하기 전 실무자였을 때는 디테일을 꼼꼼하게 챙기는 것과 유사하게 생각했을 것이다. 실무자로서 모든 것을 하나하나 챙기고, 빠뜨리는 것 없이 챙겨야 했기 때문이다. 디테일의 본질은 꼼꼼한 것을 기반으로 한다고 볼 수 있지만 간과할 수 있는 것을 놓치지 않는 것, 변화를 빨리 감지하는 것, 워닝(Warning)이 있을 때 즉시 알아차리는 것 등이다.

  간부로, 임원으로 승진한 다음에는 간과할 수 있는 것을 놓치지 않는 것, 변화를 빨리 감지하는 것, 경고를 즉시 알아차리는 것 등에 대응하는 역할을 해야 하는데 그렇지 못했던 것이다. 실무자가 알고 있는 내용을 내가 똑같이 알고자 했으니 실무자는 실무자대로 일이 중복되고 불필요한 일이 발생하게 된다. 또 이런 경우는 권한 이양(Empowerment)마저 전혀 안 되는 상황이 수반되기 때문에 본인은 본인대로 너무 바쁘다고 생각했을 것이다. 조직 성과 창출에는 크게 기여하지 못하면서도 말이다. 디테일의 함정(陷穽)에 빠져서 주변을 볼 수가 없게 된 연유이다.

디테일은 힘을 가지고 있다. 디테일이 강하지 못하면 기업이 살아남을 수 없다. 이는 개인도 마찬가지이다. 디테일이 강하지 못한 개인은 내 분야에서의 강점을 갖기가 힘들고, 경쟁에서 탈락할 가능성이 크다. 하지만 데이터를 기반으로 디테일 갖춘다면, 기업이든 개인이든 누구와 경쟁하더라도 충분히 겨룰 수 있다. 하지만, 이러한 힘을 가진 디테일은 우리가 스스로 갇히는 함정이 되기도 한다. 이 함정에 빠지지 않기 위해 노력해야 한다.

12
보고(報告)는 어떻게 할까?

     나와 관련되어 있는 보고(報告)는 너무도 많다. 언론을 통해 사회에서 일어나고 있는 일에 대해서 정확하게 알 수 있는 보고(뉴스), 나라가 국민에게 나라의 일을 알리는 국민 보고, 기업이 주주들에게 기업 현황, 실적을 알리는 주주 보고, 공적 또는 사적인 모임에서 활동 실적을 구성원에게 알리는 보고 등 헤아릴 수 없는 많은 보고가 나와 관련해서 일어나고 있다. 이러한 보고는 사회가 잘 돌아가기 위한 중요한 요건 중에 하나로써, 제때 보고가 이루어지고, 얼마나 투명하게 이루어지느냐가 사회의 공정성을 나타내는 중요한 지표가 되기도 한다.

     당연히 조직 내에서의 보고도 제때, 투명하게 이루어져야 하는 당위성을 갖는다. 특히 기업에서 의사 결정을 위한 보고는 기업의 생존을 결정짓는다 할 정도로 중요한 일이다. 기업에서의 보고는 보고를 하는 사람의 위치에 따라 그 중요도가 다를 수 있지만 보고의 원칙은 동일하다 할 것이다. 보고할 때 어떤 보고의 원칙을 가지는 것이 필요한가? 보고를 어떻게 할까를 생각해 보자.

우선은 현황 공유 등을 위해 필요한 일상적인 보고를 생각해 볼 수 있다. 일상 보고는 사안에 따라 보고서를 작성할 수도 있고, 간단히 구두로 할 수도 있고, 메일이나 SNS를 통해서 할 수도 있다. 여러 가지 방법을 통해서 할 수 있다. 최근에는 많은 기업들이 직원들의 불필요한 업무 부담을 줄이고, 업무 효율을 높이기 위하여 격식을 차리지 않는 구두 보고를 선호하고 많이 도입하고 있다. 바람직한 방향이라고 할 수 있겠다. 이런 경우 보고를 받는 사람이나 보고를 하는 사람이나 일의 진행 상황에 대해서는 이미 상당한 부분 공유가 되어 있을 것이기 때문에 일의 전체 상황을 보고할 필요는 없다. 보고하고자 하는 사안의 본 내용으로 바로 들어가는 것이 좋다. 의사 결정을 위해 필요한 내용 즉, 무엇을 어떻게 하는 것이 필요하다는 내용을 보고하고 판단을 받으면 된다. 그 이외의 사항은 불필요(Redundant)하다.

다음은 차상위자 또는 그 위 상위자에게 보고하는 경우이다. 내 업무를 기준으로 차상위자 또는 그 위 상위자는 업무 범위(Span)가 내 업무보다 몇 배 이상 넓고, 업무의 양도 많을 것이다. 그렇기 때문에 차상위자 또는 그 위 상위자에게 보고할 때는 보고받는 사람이 내가 보고하고자 하는 사안에 대한 기본적인 이해가 많지 않다는 가정하에 보고를 해야 한다. 일의 개요, 전체 진행 사항, 의사 결정을 위한 내용, 의사 결정에 따른 예상되는 결과의 순으로 보고하는 것이 좋다. 다만, 보고받는 사람이 보고 사안에 대한 지식이 충분할 때는 상황에 따라 보고 시 보고 내용을 건너뛰면 된다. 보고 내용을 정리할 때는 나를 기준으로 보고 내용을 정리하면 안 된다. 나는 그 일에 대하여 잘 알고 있기 때문에 내용의 생략이 있어도 이해에 별 문제가 없지만 보고받는 사람 입장에서는 그렇지 않다. 종종 내 기준으로 보고 내용을 정리해서 보고받는 사람이 이해하지 못하는 경우가 있다.

서면으로 된 보고서만 제출하는 것으로 보고할 때를 생각해 보자. 이 경우가 제일 어려운 보고가 될 것이다. 대면 보고를 할 경우에는 질문과 답변을 통해서 부가적인 설명을 할 수가 있기 때문에 여유가 있다. 하지만, 서면으로 보고를 할 경우는 질문과 답변을 할 수 없기 때문에 서면 보고서 안에서 끝을 내야 한다. 서면 보고서를 작성할 때는 보고의 결론을 보고서 가장 위에 기재하는 것이 필요하다. 특히, 보고서가 여러 장 일 경우는 보고서를 보는 사람이 보고서를 찬찬히 읽어 보지 못할 수도 있다. 결론을 먼저 제시하면 결론을 바탕으로 보고서 안에서 필요한 내용을 찾아볼 수 있기 때문이다. 보고서는 불필요한 내용이 들어가지 않도록 하고, 매수는 최대한 줄여서 작성하는 것이 좋다.

여러 사람을 대상으로 한 프레젠테이션 보고를 가정해 보자. 프레젠테이션은 동시에 많은 사람에게 내가 전달하고자 하는 메시지를 정확하게 전달하는 것이 중요하다. 프레젠테이션을 얘기할 때 지금은 고인이 됐지만 '스티브 잡스'의 프레젠테이션을 많이들 인상 깊어 한다. 청중을 집중시키면서도 강한 메시지 전달력을 갖기 때문이다. 프레젠테이션을 할 때는 프레젠터를 포함하여 프레젠테이션을 하는 공간, 시간과 청중 등 모든 요소를 활용해야 한다. 프레젠터의 복장, 제스처, 프레젠테이션하는 공간의 배치, 동선, 청중들의 관심을 분산시킬 수 있는 요소를 배제하고, 사전 점검, 연습이 필요하다. 이를 통해 프레젠터가 자신감을 갖는 것이 무엇보다도 중요하다. 프레젠테이션 발표 자료는 너무 화려하면 전달하고자 하는 메시지를 오히려 방해할 수 있기 때문에 조심해야 한다. 기업 내부에서는 화려한 프레젠테이션 기교보다는 보고 내용을 중시한다. 불필요한 프레젠테이션 기법은 보고를 방해하고, 보고 목적 달성을 방해할 수 있다.

　이외에도 다양한 보고 상황이 있을 수 있다. 보고(報告)는 어떻게 할까? 위에 여러 가지 내용을 언급했지만 보고자가 보고 내용의 경중, 보고 상황에 따라 어떻게 보고할지를 결정하는 것이 바람직하다. 남을 시켜서 준비하는 것은 진정한 나의 보고가 될 수 없다.

13
천천히를 지키기

우리가 하루도 걷지 않는 날은 없다. 만약 우리가 걸을 수 없다면, 걸을 수 없다는 것 그 자체로 삶을 영위하는 데 많은 어려움에 직면하게 될 것이 분명하다. 물론, 인간의 위대한 의지로 걸을 수 없는 장애를 극복하며 살아 내지만 말이다. 우리는 주변에서 선천적으로 또는 불의의 사고로 걸을 수 없는 장애를 가지고 살아가는 사람을 많이 보게 되는데, 그 어려움을 걸을 수 있는 내가 이해하는 것은 결코 쉬운 일은 아니다. 나는 걸을 수 있고, 걸을 수 없는 것을 겪어 보지 않았기 때문이다. 그렇기 때문에 걸을 수 없는 사람의 어려움을 이해하는 데는 사회적 차원의 의도적 노력이 필요하게 된다. 걸을 수 없는 어려움의 이해는 우리를 장애에 대한 의도적인 노력이 부족한 사회에서 벗어나, 의도적 노력이 많은 사회로 갈 수 있게 해 주는 출발이다. 장애에 대한 의도적 노력이 많은 사회가 사람이 사람답게 살 수 있는 사회이기 때문이다.

걸을 수 있는 축복을 받은 우리는 걷기를 통해서 많은 효능을 볼 수 있다. 첫 번째 효능으로 당연히 건강을 꼽을 수 있다. 걷기는 만병통치약이라고 할 만큼 우리의 건강을 지켜 줄 수 있어, 현대인들이 건강을 지키기 위해서 필수적으로 해야 하는 운동으로 자리 잡았다. 두 번째 효능은 걷는 동안이 집중해서 생각할 수 있는 시간이 된다는 것이다. 내가 걷고 있는 동안은 그 어떤 상황보다도 생각에 집중할 수 있는 시간이 된다. 평소 잘 풀리지 않는 고민거리들도 걷는 동안 정리가 많이 되고, 해결 방안이 떠오르기도 한다. 세 번째 효능은 몸의 리프레시를 통해서 마음의 리프레시도 가능하다. 걷기로 내 신체의 모든 기관들이 활력을 띄게 되면 이것이 마음도 활력으로 이끈다. 마음의 활력이 생기면 내 마음에 쌓여 있던 스트레스를 떨쳐 낼 수 있어 마음의 건강도 지킬 수 있다. 이외에도 걷기는 같이 걷는 사람과의 유대관계를 높일 수 있고 나의 기억력을 증진시키는 등, 우리가 살아가는 데 있어서 없어서는 안 될 너무 고마운 것이다.

이렇게 효능이 큰 것이 걷기인데, 우리가 길을 걸을 때 자주 보게 되는 것이 '천천히(SLOW)' 팻말이다. 길이 굽었거나, 평탄하더라도 다른 길을 만나는 지점이나, 장애물이 있는 곳, 횡단보도가 있는 곳에는 반드시 '천천히(SLOW)'라는 팻말이 있다. 이 팻말이 있는 곳에서는 반드시 주변을 잘 살피면서 천천히 걸어야 한다. 팻말을 무시하고 주변을 잘 살피는 것을 게을리하면 사고가 날 가능성이 크고, 실제로 사고가 많이 난다. 내가 목표한 지점으로 걸어가는 동안 걷고 있는 다른 사람도 살펴야 하고, 굽어서 길의 앞이 보이지 않을 때 갑자기 나타날 수 있는 것에도 대비해야 하고, 움푹 파였거나 솟아난 돌부리도 조심해야 한다. 또한, 전체적인 페이스도 조절해 가면서 걸어야 목표한 지점에 무사하게 도착할 수 있다.

계속 빨리 걸어갈 수만은 없는 것이 현실이다. 우리의 조직 생활도 걷는 것과 같을 것이다. 그렇기 때문에 조직 생활을 해 나가는 과정에서 만나게 되는 '천천히(SLOW)' 팻말도 잘 살펴야 한다. 무시하고 주행한다고 해서 목표한 지점에 빨리 도착할 수 있는 것이 아니다. 팻말을 잘 살피지 않으면 도착하기 전에 사고가 날 가능성이 크다. 조직 생활에서 '천천히(SLOW)' 팻말을 만나게 되면 속도도 좀 줄이고, 주변도 찬찬히 살펴야 한다. 그것이 결국은 조직 생활에서 목적한 곳에 더 빨리, 무사히 도착하게한다.

조직 생활 중에 만나는 '천천히(SLOW)'의 팻말은 어떤 것이 있을까? 길이 평탄하고 장애물도 없어 보여 걸음에 속도를 낸다. 하지만, '패인 곳 조심'이라는 팻말을 못 보고 지나쳤다. 조직에서 나의 성과가 좋고, 상사로부터 인정도 받아 두려울 것이 없고, 추진력 있게 일을 처리해 나간다. 내 판단에 자신이 있고, 안 될 게 없다는 생각이 든다. 이것이 평탄한 길을 만난 것이다. 이때 걸음의 속도가 빨라서 팻말을 놓치는 일이 없어야 한다. 주변을 돌아보고, 찬찬히 살피는 것을 건너뛰어서는 안 된다. 내 판단에 문제가 없는지, 나의 성과 창출이 다른 부분에는 어떤 영향을 미치는지를 살펴야 한다. 그리고, 굽은 길을 만났을 때는 앞에 어떤 것이 있을지 잘 모른다. 그렇기 때문에 천천히 앞을 확인하고 가야 사고를 막을 수 있다. 이것은 일을 수행할 때 확실치 않은 것에 대해서 추측과 예단하는 것을 피해야 하는 것과 같다. 시간이 촉박하다, 그럴 것이 확실하다는 생각으로 추측해서 판단을 하게 되면 그것은 굽은 길을 만났을 때 천천히를 무시하고 계속 걷는 것과 같다. 무엇이 나타날지 모르는데 말이다.

그리고 우리가 걷는 동안 놓치지 말아야 할 팻말이 또 있다. 물 마실 수 있는 곳, 휴식을 취할 수 있는 곳에 대한 팻말이다. 아무리 건강에 좋은 걷기라고 하더라도, 적당한 휴식과 보충이 따르지 않는 무리하게 걷는 것은 오히려 건강을 해치게 된다. 조직 생활도 마찬가지이다. 조직 생활에도 오르막이 있고 내리막이 있을 것이다. 오르막에서는 숨 고를 시간이 필요하고, 내리막에서는 가속되는 속도를 조절하는 것이 필요하다. 그렇지 않으면 조직 생활에 과부하가 걸려서 내가 목적하는 곳에 도착하기가 어려워진다. 하지만 위험을 감수할 줄 알아야 목적지에 도착할 수 있는 것 아닌가? 천천히 가면 다른 경쟁자들과의 경쟁에서 어떻게 이길 수 있겠는가? 목적지에 도착한다고 하더라도 결국은 패배한 것 아닌가 하는 질문을 던질 수 있다. 이 질문에 대한 답은 다음과 같이 할 수 있다. 조직 생활에서의 목적지 도착은 순위를 결정하는 것이 아니다. 각자가 각자의 목적한 그곳에 도착하면 되는 것이다. 다른 누군가가 내가 목적한 그곳에 도착하는 것이 아니라는 것을 깨닫는 것이다.

14
설거지가 필요하다

아마추어 골퍼들이 골프 게임 중에 종종 하는 말이 있다. '오늘은 설거지가 영 안 되네' 하고 자신을 탓한다. 티샷인 드라이버를 잘 치고 세컨드 샷인 우드나 아이언도 잘 쳤으나, 그린 주변에서의 숏 게임인 어프로치 샷과 퍼팅을 못하여 골프 스코어가 좋지 않을 때 핑계를 대는 말이다. 설거지 단어는 두 가지의 뜻을 가지고 있는데, 첫 번째는 먹고 난 다음에 그릇을 씻어서 정리하는 일을 뜻하고, 두 번째는 비가 오려고 하거나 비가 올 때 비에 맞으면 안 되는 물건을 덮거나 치우는 일을 뜻한다. 그래서 정리, 마무리한다는 뜻으로 사용되기도 한다. 골퍼가 설거지가 안 된다고 하거나, 일의 설거지가 잘 안된다는 뜻은 시작과 과정은 좋았으나, 마무리가 잘 안돼서 안 좋은 결과를 초래했다는 뜻으로 쓰인 것이다. 실제 우리 생활에서도 그렇다. 집에서 맛있게 음식을 먹은 다음 설거지를 하는 것은 귀찮고 하기 싫은 일임에 틀림 없다. 하지만 설거지를 안 하고 놓아두면 그 어지러움은 어떻게 감당하고, 다음 식사는 어떻게 할 수 있겠는가? 비가 오는데 비 맞으면 안 되는 물건을 치우지 않으면 어떻게 되겠는가? 일 또한 마찬가지이다. 일의 시작은 멋있게, 주목을 받으면서 했으나, 마무리가 잘 안된다고 하면 그 일이 무슨 의미가 있고 결과가 있겠는가?

언론 매체를 통해서 접하는 뉴스를 보면, 무슨 위원회를 구성했고 일을 시작한다는 행사를 많은 사람들이 모여서 거창하게 진행한다. 하지만 그 일의 결과가 어떻게 되었다는 뉴스를 접하는 것은 쉽지 않다. 일의 시작은 있었으나, 그 일의 마무리는 뉴스를 통해서 알릴 만한 정도가 아니었기 때문일 것이다. 행사에 참석했던 사람들 대부분도 그 일의 시작에만 관심이 있었지, 그 일의 결과에 대해서는 별 관심이 없었을 것이다. 이런 보여 주기식 행태는 기업 조직에서도 종종 마주하게 된다. 특히, 조직내에서 직책이 높을수록 보여 주기식 일을 벌이는 경우가 있는데, 이러한 일은 조직의 자원을 불필요하게 낭비하게 되고 조직 구성원들의 사기를 떨어뜨리는 일이기 때문에 있어서는 안 된다. 마무리가 없는 일은 아예 시작할 필요가 없는 일이다.

개인적인 차원에서도 마찬가지이다. 일의 시작이 화려하고 거창했으나, 마무리가 잘 안돼서 흐지부지 끝나는 일들이 꽤 많은 것이 현실이다. 작심삼일이라는 말의 대부분이 여기에 해당된다고 할 수 있겠다. 내가 목표하는 바를 향해서 가기 위해서는 개인적인 차원에서도 흐지부지 끝나는 일은 최소화해야겠지만, 조직 생활에서는 특히 흐지부지 끝나는 일들을 최소화해야 한다. 흐지부지 끝나는 일들이 많으면 어떻게 조직에서 나에게 계속 일을 맡길 수 있겠는가? 상사나 동료가 나를 어떻게 신뢰하고 같이 일할 수 있겠는가?

    조직에서 나에게 부여하는 일들은 달성해야 하는 목표가 당연히 있다. 없을 수가 없다. 그런데, 당연히 달성해야 하는 목표가 구체적(Tangible)인 경우는 그것을 추진하는 것이 그렇게 어렵지는 않을 것이다. 내가 얼마나 노력을 경주하느냐가 그 목표 달성 여부를 판가름할 것이기 때문이다. 내가 얼마나 노력을 기울였냐에 따라서 목표 달성에 대한 평가가 판가름이 나는데 조직에 몸담고 있는 내가 어찌 흐지부지할 수 있겠는가? 흐지부지하면 그 조직에서 계속 함께하기는 쉽지 않을 것이니, 이 경우는 마무리가 안 되는 흐지부지를 막을 수 있다. 하지만, 달성해야 하는 목표가 추상적(Intangible)일 경우는 마무리가 쉽지 않을 수 있다. 더욱이 이 경우가 더 어려운 것은 목표 달성도에 대한 평가가 평가하는 사람의 입장에 따라 편차를 보일 수 있다는 점이다. 이 경우 어떻게 일을 추진해 나가는 것이 현명한 것일까? 추상적인 일을 흐지부지되지 않고 성과 있게 마무리하기 위해서 어떻게 해야 하는가?

    대체로 추상적인 목표를 갖는 일은 미래를 예측하는 일이거나, 현재는 없는 새로운 도전을 필요로 하는 일일 가능성이 크다. 그래서 잘되면 조직에서 크게 인정받을 수 있는 반면에 잘되지 않으면 다시는 나에게 그런 유사한 일은 부여되지 않을 가능성이 크다. 그래도, 잘 안된다고 하더라도 일 추진 과정에 대한 인정을 받는다고 한다면 나에 대한 부정적인 평가가 크지는 않을 것이기 때문에 겁먹을 필요는 없다. 추상적인 목표를 갖는 일을 잘하기 위해서 필요한 것은 무엇인가? 추상적인 목표를 구체적인 목표로 전환시키는 것이 중요한 관건이 된다. 추상적인 목표를 구체적인 목표로 전환하기 위해서는 목표와 관련한 환경 분석을 잘하는 것이 우선이다. 예를 들어, '4차 산업혁명 시대에 필요한 마케팅 전략'에 대한 보고서 작성을 지시받았다고 하면, 환경 분석을 통해서 이 목표에 구체적으로 영향을 미치는 요인을 발굴해 내야 한다. 환경 분석을 통해서 발굴된 요인이 '4차 산업혁명 시대의 기술, 소통 방식, 신산업의 등장, 고객의 가치관'이라고 하면 이러한 각각의 요인들이 마케팅 전략에 어떻게 영향을 미치는지를 파악할 수 있다. 다음으로 이에 상응하는 마케팅 전략을 어떻게 세울 것인가를 정함으로써 추상적인 목표가 구체적인 목표로 전환된다. 구체적으로 전환된 목표는 여러 단계를 거쳐야 하지만, 나의 노력과 유관 부서의 협조 등을 통해서 마무리 지을 수가 있을 것이다. 일의 과정은 대부분 비슷하겠다. 한 가지 추가한다면, 구체화 과정에서 당연히 나에게 업무 지시를 한 상사와 협의를 통하여 합의, 승인을 받는 것 또한 중요하다. 그리고 구체화된 목표를 달성해 가는 과정에서도 계속 변경 사항이 있을 수 있으므로, 과정 또한 반드시 상사와 공유하는 것이 필요하다.

마무리를 어떻게 하느냐에 따라서 일의 성과는 180도 달라질 수 있다. 잘 진행되던 일이 별 쓸모가 없게 될 수도 있고, 일의 진행 과정에서 별 주목을 못 받다가도 마무리가 잘되어 주목을 받고, 성과를 크게 낼 수도 있다. 당연히 일의 시작도 좋고 마무리도 좋아야겠지만 말이다. 설거지를 잘하는 것이 음식 먹은 다음에만 필요한 것이 아니라, 조직 생활을 해나가고 일의 완성도를 높이는데도 꼭 필요한 것이라는 것을 생각하자.

15
나를 지키는 법

어느 날 문득 조직 생활에 회의가 든다. 피곤한 몸과 마음을 뒤로한 채 아침에 힘들게 일어나 출근하고, 회사에서 점심을 먹고, 저녁에 피곤함과 함께 퇴근한다. 오늘 내가 한 일이 나한테 어떤 의미가 있는 일이지? 조직에는 어떤 의미가 있는 일이지? 이 일이 계속할 만한 가치가 있는 건가? 잠자리에 들어 잠은 안 오고, 이런저런 생각만 가득하다. 피곤한데 잠은 안 오니 더 피곤하다. 다음 날도 똑같은 일상이 반복된다. 이러려고 내가 조직 생활을 하는가? 무기력감에 빠져 의욕이 없고, 뭐든지 다 나하고는 상관없이 돌아가고 있는 느낌이다. 나 외의 사람들은 모두 활기차고, 생동감 있고, 의미 있게 바쁘게 움직이는 것 같은데 말이다.

사람은 누구에게나 주기가 있다. 하루에도 주기가 있고, 1년에도 주기가 있고, 인생 전체에도 주기가 있다. 나는 하루 중에 언제 가장 기분이 좋고, 언제 가장 기분이 저하되는가? 사람이 하루 종일, 1년 내내 기분이 좋은 상태로 유지가 된다면 그 에너지를 감당할 수 없을 것이다. 그리고 그것은 굉장히 견디기 어려운 고통이 될 것이다. 사람마다 다양한 패턴을 가질 수 있겠지만 일정한 시간 동안 기분이 좋은 상태였다면, 또 일정한 시간은 좋은 상태에서 내려와 유지가 된다. 그 주기가 너무 빨라도 문제가 되고, 너무 느려도 문제가 된다.

가을에 떨어지는 낙엽을 보고 쓸쓸함과 외로움을 많이 느낀다. 오 헨리의 소설《마지막 잎새(The Last Leaf)》에서 투병 중인 '존시'는 창문 너머로 보이는 담쟁이덩굴의 마지막 잎이 떨어지면 자기도 죽을 것이라고 생각한다. 이렇듯 떨어지는 낙엽은 누구에게나 해석되는 의미가 다를 수 있다. 대개는 외로움, 쓸쓸함, 무력함 등을 나타내는 걸로 표현된다. 하지만 통계적으로 자살률이 높은 시기는 가을보다는 봄이다. 스프링 피크(Spring Peak)라는 말이 있다. 이는 봄철에 자살률이 급증하는 현상을 나타내는 용어인데, 만물이 소생되기 시작하면서 생동감을 느끼고, 활력이 느껴지는 봄철에 상대적 박탈감이 더 크고, 우울감이 더 심해지기 때문에 자살률이 급증한다고 분석한다. 실제 대학에서 자살 방지를 위한 상담 등도 가을보다는 봄에 훨씬 건수가 많다는 통계가 있다.

조직 생활 중에는 언제 이런 시기가 찾아올까? 대표적으로 단기에 찾아오는 것과 장기에 걸쳐서 찾아오는 것으로 구분해 볼 수 있다. 단기에 찾아오는 것은 업무와 관련해서 상사에게 인정을 못 받고, 질책을 받았을 때가 대표적일 것이다. 나는 열심히 준비해서 보고를 하는데 상사가 집중을 안 하고 오히려 다른 일을 주문할 때, 일의 방향이 잘못됐다고 질책을 할 때, 일의 깊이(質)가 없다고 다시 하라고 할 때일 것이다. 돌아서면서 '그러면, 처음부터 일의 방향을 명확하게 얘기를 해야지' 하고 생각이 든다. 한두 번 이런 일이 쌓이면 조직에 회의가 들기도 하고, 곰곰이 생각해 보면 내가 능력이 부족해서 그런 거지 하는 결론에 도달하기도 한다.

어떻게 대처해야 할까? 실제 이런 일은 비일비재하다. 이것이 현실이다. 이럴 때의 감정을 쌓아 두면 안 된다. 쌓아 두면 그것이 그대로 나에게 머무르고, 결국은 나에게 영향을 미치게 된다. 가장 좋은 해결책은 그일을 잘 마무리하는 것인데, 그러기 위해서 상사에게 그 일에 대해 정확하게 지침을 다시 받는 것이다. 언제쯤 다시 꺼내는 것이 좋을까? 하루 정도 지나서 상사에게 찾아가 그 일에 대해 내가 궁금한 점, 명확하지 않은 점 등을 물어보고 지시를 받는 것이다. 그러면, 대체로 상사도 차분한 상태에서 본인이 생각하는 바를 얘기해 줄 것이다. 부가적인 방법으로, 건강한 신체에 건강한 정신이 깃든다고 했듯이 몸을 움직이는 운동을 하는 것이다. 운동을 하면 스트레스를 일으키는 코르티솔(Cortisol) 호르몬을 상당히 줄여 준다. 이것을 통해서 상사로부터 받은 질책의 내 마음속 크기를 줄일 수 있을 것이다.

장기에 걸쳐서 찾아오는 것으로는 보통 인사 고과, 승진, 발령과 관련된 것이 대표적일 것이다. 내가 기대했던 고과, 승진이 안 된다고 하면 크게 좌절할 수밖에 없다. 조직에 몸담고 있는 한 인지상정일 것이다. 현재까지 대부분의 조직은 상대 평가를 실시하고 있으니, 누군가는 상위 고과, 승진을 하는 반면에 누군가는 하위 고과, 승진에서 탈락하는 일이 발생한다. 그래서 최근에는 상대적인 평가로 인한 인위적 조직 성과 창출

상실을 방지하기 위해 절대 평가를 도입하는 조직이 늘어나고 있는 추세이지만, 내가 조직으로부터 인정을 못 받고 있구나 하는 판단이 드는 것은 현실이다.

어떻게 대처해야 할까? 나는 조직에 몸 바쳐서 최선을 다 했지만, 조직에서 나를 인정하지 않으니 조직을 떠나야 하는 것인가? 이 조직에서는 나의 역량을 발휘하기 어렵구나, 나는 그렇게 능력이 없는 사람이었나 하는 생각에 이르게 된다. 해결하기 쉬운 문제가 아니다. 이 문제를 풀어 가는 첫 번째는 고과, 승진이 내 인생 전체에서 차지하는 비중이 얼마인가를 계산해 보는 것이다. 일정한 시기로 분할해서 생각하기 때문에 고과와 승진의 비중이 크다. 즉, 분모의 크기가 작기 때문이다. 분모의 크기를 인생 전체로 두고 계산을 해 보는 것이다. 두 번째는 지금 하고 있는 업무를 바꾸어 보는 것이다. 실제로 내가 잘할 수 있는 일을 두고 잘하지 못하는 일을 하고 있을 가능성도 크기 때문이다. 이러한 부분에 대해 상사, 인사 부서와 면담을 통해서 충분히 상담을 하는 게 필요하다. 세 번째는 기다리는 것이다. 조직에서 내가 목표하는 바가 있다고 하면, 그 목표에 도달하는 데에는 한 발자국 먼저 가느냐 한 발자국 나중에 가느냐가 크게 중요하지 않기 때문이다. 이럴 경우 항상 최선을 다하되 기다리는 것도 좋은 해결책이다.

워크플레이스 조직 생활 중에 닥치는 여러 가지 어려움에서 나를 지키는 방법은 사람마다 다를 수 있지만, 내가 최선을 다했다고 자부하면서 자신감을 갖는 게 제일 현명 방법인 것이다.

워크플레이스, 우리가 가고 있는 길은 먼 길이다. 짧은 길이 아니다. 가다가 멈추기도 해야 한다. 멈춤 없이 가면 지쳐서 먼 길을 갈 수 없기 때문이다.

워크플레이스, 우리가 가는 길은 쉬운 길은 아니다. 그래도 내가 가야 하는 이유는 그 길에 행복이 있기 때문이다.

1
먼 길

산을 휘감아 도는 길
멀리 있는 그 길은 참 아름답기도 하네

한 폭의 산수화 같은
그 길의 아름다움에 취해 떠나 본다

그 길에 다다르니
바위도 나무도 장엄하구나

그 길을 걷기 시작하니
풀잎도 꽃잎도 참 아름답기도 하네

그 길을 조금 걸으니
금세 길바닥이 울퉁불퉁 돌부리가 걸리네

아, 그 길을 걸어 올라가는 건
쉽게 허락하지 않는 숨이 턱에 차는 일이구나

내가 걷는 그 길 아름다움은 어디로 가고
울퉁불퉁 돌부리와 턱에 찬 숨만 느껴지네

산을 휘감아 도는 길
걷고 있는 이 길은 아름다움 속에 나의 현실이구나

2
멈춤

저기요, 저기요
나를 부르는 소리에
멈추어 선다
뒤돌아 본다
질곡의 소리가 멀어진다

저기요, 저기요
나를 부르는 소리에
멈추어 선다
뒤돌아 본다
햇볕이 따사롭다
새소리, 바람 소리가 시원하다

저기요, 저기요
나를 부르는 소리에
멈추어 선다
뒤돌아 본다
친구의 믿음이 있다
가족의 사랑이 있다

더 워크플레이스

저기요, 저기요

나를 부르는 소리로

제피로스가

나의 발걸음을 가볍게 만든다

3
그래도

그래도 내일이 밝아 오면 오늘보다 낫겠지 하고
생각할 수 있는 사람은 형편이 좋은 사람이다
내일이 밝아 오는 것이 두려운 삶이란
작은 성냥개비의 불꽃이 그 누구의 횃불보다도 밝게 타오르는
칠흑의 어둠 속에 묻힌 희망을 찾아내기 어려운 삶일 게다

그래도 한 번 더 해 봐야지 하고
행동할 수 있는 사람은 용기 있는 사람이다
앉았다 일어나지 못하는 삶이란
등 뒤에 짊어진 짐의 무게가 천근이나 되는 것을 알면서도
나의 짐이구나 하고 내려놓지를 못하는 삶일 게다

그래도 너에게 다시 한번 '미안해' 하고
이야기할 수 있는 사람은 마음이 따뜻한 사람이다
가슴 한편에도 온기가 없는 삶이란
나 자신에 대한 잃어버린 사랑을 다른 이에게 들킬까
마음에 품은 두려움으로 하루하루가 메마른 사막 같은 삶일 게다

그래도 이만하면 다행이지 하고

여길 수 있는 사람은 모자람이 없는 사람이다

가져도 가져도 채워지지 않는 밑 빠진 독 같은 삶이란

마음의 공허함을 물질로 채우려는

무한을 유한으로 이기려는 덧없는 삶일 게다

4
내가 가는 길

내가 가는 길은 처음 가는 길 어디로 난 길인지 어렴풋하다
누군가 밟은 길이 아니다

누군가는 쉬운 길로 가고 누군가는 험난한 길로 간다
다만 나는 나의 길을 간다

쉬운 길로 보이는 그 길도 얼마나 쉬운지는 모른다
내가 가 보지 않았기 때문이다

험난한 길로 보이는 그 길도 얼마나 험난한지는 모른다
내가 가 보지 않았기 때문이다

내가 가는 어렴풋한 길의 햇볕은
다른 이가 보기에는 길을 밝게 비추는 고마운 것이지만
나는 그 햇볕의 따가움 때문에 걷기가 어렵다

내가 가는 어렴풋한 길의 바윗덩이는
다른 이가 보기에는 길을 방해하는 걸림돌이지만
나는 그 바윗덩이에 걸터앉아 쉬며 숨을 돌린다

더 워크플레이스

내가 가는 길의 끝은 다른 이가 보기에는 목적지에 도달하는 것이지만
나는 그 끝이 더 갈 수 없는 아쉬움이다

비슷한 길을 가는 것 같지만 내가 가는 길은 누군가 만들어 놓은 길이 아닌
내가 처음 밟는 길이다

내가 처음 가는 어렴풋한 길에 앞걸음과 뒷걸음의 길동무가 있다
가족과 친구야 함께해 줘 고마워, 행복하자!

더 워크플레이스
THE WORKPLACE

ⓒ 이영구, 2021

초판 1쇄 발행 2021년 3월 17일

지은이   이영구
펴낸이   이기봉
편집   좋은땅 편집팀
펴낸곳   도서출판 좋은땅
주소   서울 마포구 성지길 25 보광빌딩 2층
전화   02)374-8616~7
팩스   02)374-8614
이메일   gworldbook@naver.com
홈페이지   www.g-world.co.kr

ISBN   979-11-6649-433-8 (03190)